DOVER LANGUAGE GUIDES

2,001
Most Useful
ITALIAN
Words

Giovanni Maria Dettori

DOVER PUBLICATIONS, INC.
Mineola, New York

Copyright

Copyright © 2011 by Giovanni Maria Dettori
All rights reserved.

Bibliographical Note

2,001 Most Useful Italian Words is a new work, first published by Dover Publications, Inc., in 2011.

Library of Congress Cataloging-in-Publication Data

Dettori, Giovanni Maria.
    2,001 most useful Italian words / Giovanni Maria Dettori.
        p. cm. — (Dover language guides)
    English and Italian.
    ISBN-13: 978-0-486-47625-4
    ISBN-10: 0-486-47625-1
    1. Italian language—Glossaries, vocabularies, etc.   2. Italian language—
Terms and phrases.   3. Italian language—Textbooks for foreign speakers—
English.   I. Title.
    PC1689.D48 2011
    458.2'421—dc23

                                                                2011020253

Manufactured in the United States by Courier Corporation
47625101
www.doverpublications.com

Contents

INTRODUCTION 1
  The Alphabet 3

ALPHABETICAL SECTION 5

CATEGORY SECTION 175
  Greetings 175
  Common Questions 175
  Animals 176
  The Body 177
  Clothes 179
  Colors 180
  The Family 180
  Food 181
    Food: Meals 187
  Health 187
  Technology 190
  Numbers 192
  Question Words 193
  Occupations / Professions 194
  Sports 196
  Stores 196
  Time 197
    Time: Days of the week 198
    Time: Months of the year 198
    Time: The seasons 199

ITALIAN GRAMMAR PRIMER 201
  Vocabulary Tips/Cognates 201
  Gender, Number, and Agreement 203
  Pronouns 206
  Verb Conjugation Charts 210
  Verbs, Tenses, and Moods 215
  Prepositions 219

Contents

INTRODUCTION
The Alphabet

ALPHABETICAL SECTION

CATEGORY SECTION
Greetings
Common Questions
Animal
The Body
Clothes
Colors
The Family
Food
Food/Menu
Health
Holidays
Numbers
Question Words
Occupations/Professions
Sports
Stores
Time
Time/Days of the Week
Time/Months of the Year
Time/Seasons

ITALIAN GRAMMAR PICTURE
Vocabulary: Parts of Speech
Gender, Number, and Sentences
Pronouns
Verb Conjugation: Data
Verbs, Tenses, and Moods
Prepositions

Introduction

This phrase book is aimed at people who have no knowledge, or only a basic knowledge of Italian. However, it can also be beneficial to readers who have a greater familiarity with the language. In fact, the 2,001 words selected primarily touch upon terms used in daily conversations and situations: introducing yourself and other people, asking for directions, ordering food, discussing health problems, your preferences, buying clothes, talking about daily activities and hobbies. However, many terms are taken from more complex situations and deal with more difficult contexts such as politics, economics and abstract words.

This phrase book can be used by people who are planning to travel to Italy and want to get by with their existing Italian, and want to communicate with native speakers of the language. Furthermore, it can also be very useful for those learning Italian. This book is a rich source of terms and can be used to expand your Italian vocabulary and can also function as a handy basic dictionary. Its format makes it easy to carry it around and review and expand your Italian vocabulary.

Every word is followed by an English translation, and a sentence in Italian where the word is used in context. The Italian of the phrase book covers different registers of the standard language, from the more formal to the colloquial. The sentences presented are fundamental in giving a better understanding of the words listed and provide a context that is essential in determining the meaning of words. As everybody knows, a word can have several meanings and if it is not used in context, we cannot accurately determine what it means. For example, the word **ragazzo** in Italian means a young man or a **boyfriend**. Only the context can tell us what we exactly mean by the word:

Laura, questo è il mio ragazzo Marco.
*Laura, this is my **boyfriend** Marco*

In this other sentence ragazzo means young man:

Hai visto un ragazzo con un cappellino rosso?
*Have you seen a **boy** with a red cap?*

As shown by the examples, the context of a word determines the exact meaning of a term. Always read the sentences in the phrase book and they will help you in getting the meaning of a word correctly. When a word has several meanings, priority is given to the 2 or 3 most commonly used meanings, and the sentences would once again prove helpful in determining the exact meaning of a word.

Furthermore, many references to Italian culture and habits are implicit in the sentences. There are references to famous Italian museums such as I Musei Vaticani (Vatican Museums). There are also references to specific regions in Italy such as Toscana (Tuscany), Sardegna (Sardinia), Calabria. You will also learn the names of the most important Italian cities like Roma, Pisa, Milano or Cagliari. You will become familiar with famous Italian monuments: Torre di Pisa (Leaning Tower of Pisa), Colosseo (Colosseum), Pantheon; and Italian writers like Alessandro Manzoni. The sentences introduce you to Italian life and culture and, give you some important culturally related information; for example you will learn that the **carabinieri** belong to a military corp and wear a distinctive uniform. You will find yourself immersed in Italian life and, while learning new expressions, you will also master a bit of Italian culture. It is important to remember that every language is closely linked to the culture where it came from, and words and expressions are culturally bound. This book will also present you with some idiomatic expressions commonly used by Italian speakers. It is important to recognize and understand them since they cannot be translated literally. For example one of the most interesting expressions in this sense is **In bocca al lupo**, literally *In the mouth of the wolf*, however, this is the Italian way to wish somebody good luck!

Just a quick note on dialects. Remember that standard? Italian was standardized fairly recently. The unification of Italy in 1861 did not mean a linguistic unification. People from different regions of Italy who did not have a higher education had difficulties in understanding each other. They spoke their own dialects or, in some cases, a completely different language. Italian became a common language in all of Italy only during the 1950s, with the introduction of TV. Dialectal differences can still be heard today, and keep in mind that every Italian has a distinctive accent that tells us where he or she grew up. The standard Italian accent is not very common and it is mainly heard during elocution lessons for actors. Regional accents are fascinating and you won't have any difficulty communicating in standard Italian. In time you will be able to recognize Italian accents.

Make the most out of your *2001 Most Useful Italian Words*, adapt it to your communicative goals and needs and it will be your gateway to the Italian language.
   In bocca al lupo!

L'ALFABETO   m.   THE ALPHABET

The Italian alphabet has 21 letters. The letters j, k, w, x, and y are only used to write foreign words (such as jogging).

Letter	Name	Pronunciation
a	a	ah as in father
b	bi	b as in baby
c	ci	ce, ci: ch as in choose – ciao CHAH-oh (hi, bye)
		ca, co, cu, che, chi: hard k sound as in car - chiesa KHEE-eh-zah (church)
d	di	d as in doctor - dopo DOH-poh (later)
e	e	e as in elephant – esco EH-skoh (I go out)
f	effe	f as in flower - foto FOH-toh (picture)
g	gi	ge, gi: soft as in jazz - giorno JOHR-noh (day)
		ga, go, gu, ghe, ghi: hard as in great - gatto GAHT-toh (cat)
		gli: lly close to million - aglio AHL-lyoh (garlic)
		gn: ny as in poignant - bagno BAHN-yoh (restroom)
h	acca	always silent ho OH (I have), hai AH-ee (you have)
i	i	as in feel - ieri ee-EH-ree (yesterday)
l	elle	as in lost - luna LOO-nah (moon)
m	emme	as in mother - mano MAH-noh (hand)
n	enne	n as in new - notte NOHT-the (night)
o	o	oh as in pot - orso OHR-soh (bear)
p	pi	p as in pear - pasta PAHS-tah
q	cu	q as in quart - quadro KWAH-droh (picture)
r	erre	thrilled as in the Scottish r Roma ROH-mah (Rome)

s	esse	s as in stop - sera SEH-rah (evening)
t	ti	t as in top - treno TREH-noh (train)
u	u	oo as in root - russo ROOS-soh (Russian)
v	vu	v as in vest - voto VOH-toh (vote)
z	zeta	dz or ts as in mezzo (half) and mazzo (bunch)
		zio DZEE-oh (uncle)
		tazza TAH-tsah (cup)

Foreign letters

j	i lunga or j like in English	j like in English jazz
k	cappa	k as in key
w	doppia vu	w as in water
x	ics	x as in ex
y	ipsilon or y like in English	y like in yogurt

Vowels

Italian has only seven vowel sounds (English has over 15!) which correspond to the five vowel letters. The vowel e and o have an open sound and a closed sound. There are no silent vowels in Italian. They are always pronounced and are shorter and crisper than English vowels. The seven vowel sounds in Italian are:

a as in father   arte AHR-teh

e closed sound like the e in they, but shorter   buonasera BWOH-nah-seh-ra

e open sound like the e in get. Before double consonants, the e is usually open   bello BEHL-loh

i as the i in machine but shorter   idea ih-deh-ah

o closed as in toe but shorter   dolce DOHL-cheh

o open like the o in got. Before double consonants, the o is usually open   Rosa ROH-sah

u as in moon   tu TOOH

Alphabetical Section

A

a *to, at*
Vado a casa di Sofia.
I am going to Sofia's house.

abbastanza *enough*
Ho studiato abbastanza; sono pronto per l'esame.
I've studied enough; I'm ready for the exam.

abbigliamento m. *clothing*
Scusi, sa dove posso trovare un negozio d'abbigliamento
  per bambini?
*Excuse me, do you know where I might find a children's
  clothing store?*

abbracciare *to hug*
Abbraccio sempre mia sorella quando la vedo.
I always hug my sister when I see her.

abbronzarsi *to sunbathe*
Abbronzarsi molto fa male alla pelle.
Sunbathing for a long time is bad for the skin.

abitare *to live*
Abito a Roma.
I live in Rome.

abiti m. pl. *clothing*
Mia sorella indossa sempre abiti costosi.
My sister always wears expensive clothes.

abitudine f. *habit*
Ho l'abitudine di svegliarmi presto.
I'm used to getting up early.

5

aborto m.   *abortion*
L'aborto in Italia è regolato dalla legge del 1978.
Abortions in Italy are regulated by the law promulgated in 1978.

accanto a   *next to*
L'ufficio postale è accanto al parco giochi.
The post office is next to the playground.

accendere   *to light up* (cigarettes, fire)
Hai da accendere?
Do you have a light?

accendere   *to turn on* (electrical devices)
Accendi la TV.
Turn on the TV.

accendino m.   *lighter*
Ho bisogno di un accendino.
I need a lighter.

accento m.   *accent*
I miei cugini parlano l'italiano con accento americano.
My cousins speak Italian with an American accent.

accesso a internet m.   *Internet access*
L'accesso a internet è stato completamente bloccato.
Internet access has been completely blocked.

accettare   *to accept*
Accettate carte di credito?
Do you accept credit cards?

adattatore m.   *adapter*
Vendete adattatori?
Do you sell adapters?

adesso   *now*
Il treno parte adesso.
The train is leaving now.

adulto m.   *adult*
Gli adulti hanno spesso difficoltà ad imparare le lingue.
Adults often have a hard time learning languages.

aereo m.   *plane*
Quando parte l'aereo?
When is the plane leaving?

aeroporto m.   *airport*
L'aeroporto è lontano.
The airport is far away.

affamato/-a   *hungry, starving*
Sono affamatissimo!
I'm starving!

affari m. pl.   *business*
Come vanno gli affari?
How is business?

affettare   *to slice*
Puoi affettare il pane per favore?
Can you slice the bread please?

affilato/-a   *sharp*
Il rasoio è molto affilato.
The razor is very sharp.

affitto m.   *rent*
Quanto costa l'affitto di un ombrellone?
How much is the rent of a beach-umbrella?

affollato/-a   *crowded*
Prendiamo le scale; l'ascensore è troppo affollato.
Let's take the stairs; the elevator is too crowded.

agenda f.   *planner*
Scrivo l'appuntamento nell'agenda.
I write down the appointment in the planner.

agenzia di viaggi f.   *travel agency*
C'è un'agenzia di viaggi in centro.
There is a travel agency downtown.

agenzia immobiliare f.   *real estate agency*
Mia sorella lavora per un'agenzia immobiliare.
My sister works for a real estate agency.

aggiungere   *to add*
Ogni quanto devo aggiungere l'olio motore alla macchina?
How often do I have to add engine oil to the car?

ago m.   *needle*
Hai ago e filo?
Do you have a needle and thread?

agriturismo m.   *holiday farm, farm where tourists can stay or eat*
Cerchiamo un agriturismo vicino a Siena.
We are looking for a holiday farm near Siena.

aiutare   *to help*
Mi può aiutare? Mi sono perso/a.
Can you help me? I am lost.

aiuto m.   *help*
Aiuto!
Help!

albergo m.   *hotel*
Questo albergo è costoso.
This hotel is expensive.

albero m.   *tree*
Ci sono tanti alberi in giardino.
There are a lot of trees in the garden.

alcol m.   *alcohol*
In molti paesi si può bere alcol a diciotto anni.
In many countries you can drink alcohol at eighteen.

alcolico/-a   *alcoholic*
Non bevo bevande alcoliche.
I don't drink alcoholic beverages.

alfabeto m.   *alphabet*
Di quante lettere è composto l'alfabeto italiano?
How many letters are there in the Italian alphabet?

alimentarsi   *to eat*
Oggi molti giovani non sanno alimentarsi bene.
Today a lot of young people don't know how to eat well.

allacciare   *to fasten*
Allacciate le cinture di sicurezza.
Fasten your seat belts.

allarme m.   *alarm*
È suonato l'allarme di casa.
The house alarm went off.

allattare al seno   *to breast-feed*
L'hai allattata al seno?
Did you breast-feed her?

allegare   *to attach (an electronic file)*
Sai come allegare un file ad una e-mail?
Do you know how to attach a file to an e-mail?

allegro/-a   *happy*
Clara è sempre allegra.
Clara is always happy.

allergico/-a   *allergic*
Sono allergico alla penicillina.
I am allergic to penicillin.

alleviare   *to alleviate, to relieve*
Ha bisogno di qualcosa per alleviare il dolore?
Do you need something to relieve the pain?

alloggiare   *to lodge, to stay*
Dove alloggiate?
Where are you staying?

alluvione f.   *flood*
Di tutte le alluvioni a Firenze, quella del 1966 fu la più spaventosa.
Of all the floods in Florence, the 1966 flood was the most scary.

altare m.   *altar*
In questa chiesa c'è un bellissimo altare barocco.
In this church there is a beautiful baroque altar.

altezze f. pl.   *heights*
Ho paura delle altezze.
I am scared of heights.

alto/-a   *tall*
Quanto sei alto?
How tall are you?

alzarsi   *to get up*
Mi alzo presto tutte le mattine.
I get up early every morning.

amante m. & f.   *lover*
Mio padre è un amante dell'opera.
My dad is an opera lover.

amaro/-a   *bitter*
Il caffè è troppo amaro.
The coffee is too bitter.

ambasciata f.   *embassy*
Dov'è l'ambasciata americana?
Where is the American embassy?

ambiente m.   *environment*
È fondamentale proteggere l'ambiente.
Protecting the environment is vital.

ambulanza f.   *ambulance*
Chiami un'ambulanza per favore!
Call an ambulance, please!

amichevole   *friendly*
È una persona amichevole.
He is a friendly person.

amicizia f.   *friendship*
Credi nell'amicizia tra uomo e donna?
Do you believe in friendship between men and women?

amico/-a   *friend*
Carlo è un mio buon amico.
Carlo is a good friend of mine.

ammalarsi   *to get sick*
Laura si è ammalata.
Laura got sick.

ammazzare   *to kill*
L'hanno ammazzato come un cane!
They killed him like a dog!

ammettere   *to admit*
Ammetto che ha ragione.
I admit he/she is right.

ammirare   *to admire*
Ti ammiro, amico mio!
I admire you, my friend!

amore m.   *love*
L'amore vero è raro.
True love is rare.

analisi f.   *analysis, test*
Ho ritirato le analisi del sangue e ho il colesterolo alto.
I got my blood-test results and my cholesterol is high.

analizzare   *to analyze*
Prima di decidere devo analizzare la situazione.
Before deciding I need to analyze the situation.

ancora   *again, still*
Dimmelo ancora.
Tell me again.

ancora   *more*
Vuoi ancora un pò di pasta?
Do you want some more pasta?

andare   *to go*
Vado a Roma in estate.
I go to Rome in the summer.

andare in bicicletta   *to ride a bicycle*
Mi piace andare in bicicletta.
I like riding a bicycle.

anello m.   *ring*
Ho perso il mio anello!
I lost my ring!

angolo m.   *corner*
L'ufficio postale è dietro l'angolo.
The post office is around the corner.

animale m.   *animal*
Da grande voglio fare il veterinario perché mi piacciono molto gli
   animali.
When I grow up I want to be a veterinarian because I love animals.

anno m.   *year*
In quale anno è stata scoperta l'America?
In what year was America discovered?

annotare   *to note/write down*
Annota il mio numero di telefono.
Write down my telephone number.

annullare   *to cancel*
Vorrei annullare la prenotazione.
I would like to cancel my reservation.

annuncio m.   *announcement*
Ho sentito un annuncio interessante al telegiornale.
I heard an interesting announcement on the news.

ansioso/-a   *anxious*
Paola è una ragazza ansiosa.
Paola is an anxious girl.

antenato/-a   *ancestor*
I miei antenati erano spagnoli.
My ancestors were Spanish.

(in) anticipo   *early*
Sono in anticipo.
I am early.

antico/-a   *ancient*
Roma è una città molto antica.
Rome is a very ancient city.

antipatico/-a   *unfriendly*
Il commesso era molto antipatico.
The clerk was very unfriendly.

aperto/-a   *open*
Il museo è aperto la domenica.
The museum is open on Sundays.

apparecchiare   *to set the table*
È ora di apparecchiare la tavola.
It's time to set the table.

apparire   *to appear*
È apparsa una stella cadente in cielo.
A falling star appeared in the sky.

appartamento m.   *apartment*
Vivo in un appartamento in centro.
I live in an apartment downtown.

appendiabiti m.   *coat rack*
Puoi appendere il tuo cappotto all'appendiabiti.
You can hang your coat on the coat rack.

applaudire   *to applaud*
Il pubblico ha applaudito a lungo il cantante.
The audience applauded the singer for a long time.

applicazione f.   *(software) app*
Ho già scaricato centinaia di applicazioni sul mio iPhone.
I've already downloaded hundreds of apps to my iPhone.

appoggiare   *to lay down*
Dove posso appoggiare la borsa?
Where can I lay down the bag?

appuntamento m.   *appointment*
Vorrei un appuntamento per domani.
I would like an appointment for tomorrow.

apribottiglie m.   *bottle opener*
Franco ha già tre apribottiglie.
Franco already has three bottle openers.

apriscatole m.   *can opener*
Dov'è l'apriscatole?
Where is the can opener?

aprire   *to open*
Apriamo una bottiglia di vino.
Let's open a bottle of wine.

architettura f.   *architecture*
Carlo studia architettura a Roma.
Carlo studies architecture in Rome.

arcobaleno m.   *rainbow*
Dopo la pioggia ho visto uno splendido arcobaleno.
After the rain I saw a fantastic rainbow.

aria condizionata f.   *air conditioning*
Non so come fate a vivere senza l'aria condizionata.
I don't know how you manage to live without air conditioning.

arma f.   *weapon*
È un'arma pericolosa.
It is a dangerous weapon.

armadio m.   *closet*
Questo armadio è troppo piccolo.
This closet is too small.

arrabbiato/-a   *angry*
La professoressa sembrava essere molto arrabbiata.
The professor seemed to be very angry.

arredamento m.   *furnishings*
L'albergo ha un arredamento raffinato.
The hotel has stylish furnishings.

arrivare   *to arrive*
Luisa arriva sempre in ritardo.
Luisa always arrives late.

arte f.   *art*
I musei d'arte contemporanea di New York sono favolosi.
The contemporary art museums of New York are fabulous.

artigianato m.   *(hand)crafts*
L'artigianato italiano è molto vario.
There is a great variety of Italian handcrafts.

ascensore m.   *elevator*
L'appartamento ha un ascensore?
Does the apartment have an elevator?

asciugacapelli m.   *hair dryer*
C'è un asciugacapelli nella stanza?
Is there a hair dryer in the room?

asciugamano m.   *hand towel*
Questi asciugamani sono morbidi.
These towels are soft.

asciugare   *to dry (up)*
Asciuga i bicchieri.
Dry the glasses.

asciugatrice f.   *clothes dryer*
Avete l'asciugatrice in casa?
Do you have a clothes dryer at home?

asciutto/-a   *dry*
I tuoi vestiti sono asciutti.
Your clothes are dry.

ascoltare   *to listen to*
Ascolto la musica per rilassarmi.
I listen to music to relax.

asmatico/-a   *asthmatic*
Sono asmatico.
I'm asthmatic.

aspirapolvere m.   *vacuum cleaner*
Sai come usare l'aspirapolvere?
Do you know how to use the vacuum cleaner?

assaggiare   *to taste*
Assaggia questa torta, è deliziosa.
Taste this cake, it is delicious.

assassinare   *to murder*
Giulio Cesare fu assassinato.
Julius Caesar was murdered.

asse da stiro f.   *ironing board*
Mi presti l'asse da stiro?
Will you lend me the ironing board?

assegno m.   *check*
Devo incassare quest'assegno.
I have to cash this check.

assicurarsi   *to make sure*
Assicurati che la porta sia chiusa.
Make sure the door is locked.

assicurazione f.   *insurance*
Mi può mostrare l'assicurazione della sua auto?
Can you show me your car insurance policy?

assistere   *to attend*
Ha assistito al concerto di Uto Ughi?
Did you attend Uto Ughi's concert?

assomigliare a   *to look like*
Io assomiglio a mio padre.
I look like my father.

assumere   *to hire*
Ho assunto un cameriere per la mia festa di laurea.
I hired a waiter for my graduation party.

asta f.   *auction*
Ho comprato questa lampada ad un'asta.
I bought this lamp at an auction.

astemio/-a   *teetotaler*
Non bevo alcol; sono astemio.
I don't drink alcohol; I'm a teetotaler.

astronomia f.   *astronomy*
L'astronomia è lo studio dello spazio.
Astronomy is the study of space.

astuto/-a   *astute, cunning*
Sei molto astuto.
You're very astute.

attenzione f.   *attention*
Per favore, fai attenzione!
Please, pay attention!

atterrare   *to land*
L'aeroplano sta per atterrare.
The plane is about to land.

attrarre   *to attract*
Venezia attrae molti turisti.
Venice attracts a lot of tourists.

attraversare   *to cross*
Attraversiamo la strada.
Let's cross the street.

aula f.   *classroom*
Dov'è l'aula di italiano?
Where is the classroom where Italian is taught?

auricolari m. pl.   *earphones*
Devo comprare degli auricolari.
I need to buy some earphones.

autista m. & f.   *driver*
L'autista è stato molto simpatico.
The driver was very nice.

autobus m.   *bus*
L'autobus viaggia con mezz'ora di ritardo.
The bus is half an hour late.

autostrada f.   *highway*
In autostrada bisogna pagare il pedaggio.
On highways you have to pay a toll.

avaro/-a   *stingy*
Non mi ha mai fatto un regalo; è molto avaro.
He has never given me a gift; he is very stingy.

avere   *to have*
Da grande voglio avere quattro figli.
When I grow up I want to have four children.

avere bisogno di   *to need*
Ha bisogno di una mano?
Do you need a hand?

avventura f.   *adventure*
Che bella avventura!
What a lovely adventure!

avviso m.   *warning, sign*
Hanno messo un avviso alla porta: non disturbare.
They put a warning on the door: do not disturb.

azienda f.   *company*
Lavoro per un'azienda multinazionale.
I work for a multinational company.

B

baciare   *to kiss*
Gli italiani spesso si baciano sulla guancia per salutarsi.
Italians often kiss each other on the cheek as a form of greeting.

bacio m.   *kiss*
Dammi un bacio per favore!
Give me a kiss please!

bagaglio m.   *luggage*
Ha un bagaglio a mano?
Do you have carry-on luggage?

bagno m.   *bathroom, restroom*
Scusi, dov'è il bagno?
Excuse me, where is the restroom?

baia f.   *bay*
Questa baia è splendida.
This bay is wonderful.

balcone m.   *balcony*
Affitasi camera ammobiliata con balcone privato: 400 euro.
Furnished room with private balcony for rent: 400 euro.

ballare   *to dance*
Carla ama ballare in discoteca.
Carla loves dancing at the disco.

balneare   *bathing*
La stagione balneare inizia a maggio.
The bathing season starts in May.

balsamo m.   *hair conditioner*
Il balsamo ammorbidisce e rinforza i capelli.
Hair conditioner softens and strengthens hair.

bambino/-a   *child*
Da bambina andavo in vacanza in Sicilia.
When I was a child I used to go to Sicily on vacation.

bambola f.   *doll*
Voglio comprare una bambola per sua figlia.
I want to buy a doll for his/her/your daughter.

banale   *banal, dull*
Che romanzo banale!
What a dull novel!

banca f.   *bank*
Devo cambiare questi dollari in banca.
I need to exchange these dollars at the bank.

bancarella f.   *stall*
Ci sono molte bancarelle di verdura al mercato.
There are a lot of vegetable stalls at the market.

bancarotta f.   *bankrupt*
La compagnia rischia la bancarotta.
The company is facing bankruptcy.

banco m.   *desk*
I banchi della scuola sono scomodi.
School desks are uncomfortable.

bancomat m.   *ATM*
C'è un bancomat qui vicino?
Is there an ATM nearby?

bandiera f.   *flag*
Di che colore è la bandiera italiana?
What color is the Italian flag?

bar m.   *bar, café*
Faccio colazione al bar.
I have breakfast at the café.

barca f.   *boat*
Siamo nella stessa barca.
We're in the same boat.

barzelletta f.   *joke*
I nostri amici amano raccontare barzellette.
Our friends like to tell jokes.

basso/-a   *short*
Luca è basso per un quindicenne.
Luca is short for a fifteen-year-old.

bastone m.   *stick, cane*
Mio nonno cammina con l'aiuto di un bastone.
My granddad uses a cane to walk.

battaglia f.   *battle*
Napoleone perse la battaglia.
Napoleon lost the battle.

batteria f.   *battery*
Il mio orologio non funziona più; devo cambiare le batterie.
My watch doesn't work anymore; I need to change the batteries.

battesimo m.   *baptism*
Vorremmo invitarti al battesimo di nostro figlio.
We would like to invite you to our son's baptism.

battistero m.   *baptistery*
A Pisa puoi visitare il battistero.
In Pisa you can visit the baptistery.

battito m.   *beat, heartbeat*
Il battito del mio cuore ha accelerato per lo spavento.
My heartbeat sped up from fright.

bavaglino m.   *bib*
Scusi, cameriere, non ha mica un bavaglino per mia figlia?
Excuse me, waiter, do you by chance have a bib for my daughter?

beato/-a   *lucky*
Beato te!
Lucky you!

bellezza f.   *beauty*
Questa modella è di una bellezza straordinaria.
This model is incredibly beautiful.

bello/-a	*beautiful, nice*
È una bella collana.
It is a beautiful necklace.

benchè	*although, even though*
Benchè avessi studiato tanto, non ho passato l'esame.
Even though I studied a lot, I didn't pass the exam.

bene	*well*
Sto bene, grazie.
I am well, thank you.

benessere m.	*wellbeing*
L'attività fisica è importante per il benessere della persona.
Physical activity is important for a person's well-being.

beni m. pl.	*goods, assets*
Lui non lavora; si occupa dei beni di famiglia.
He doesn't work; he takes care of the family assets.

benvenuto/-a	*welcome*
Benvenuti a Roma!
Welcome to Rome!

benzina f.	*gasoline*
Mi faccia il pieno di benzina verde, per favore.
Fill it up with unleaded gasoline, please.

bere	*to drink*
È importante bere molto in estate.
It is important to drink a lot of liquids in the summer.

bevanda f.	*drink*
Prendiamo una bevanda fresca al bar.
Let's get a cold drink at the bar.

Bibbia f.	*Bible*
Là Bibbia è il libro più venduto al mondo.
The Bible is the bestselling book around the world.

biberon m.	*(baby) bottle*
Oh no, ho lasciato il biberon in aereo!
Oh no, I left the baby bottle on the plane!

biblioteca f.	*library*
La biblioteca universitaria è molto grande.
The university library is very big.

bicchiere m.   *glass*
Un bicchiere di vino da tavola, per favore.
A glass of red table wine, please.

bicicletta f.   *bicycle*
Vado all'università in bicicletta.
I bike to the University.

biglietteria f.   *ticket office*
I biglietti dell'autobus si acquistano in biglietteria.
You can buy bus tickets at the ticket office.

biglietto m.   *ticket, note*
Hai comprato i biglietti per il teatro?
Did you buy the theater tickets?

biglietto da visita m.   *business card*
Ecco il mio biglietto da visita.
Here is my business card.

bilancio m.   *budget*
Qual è il bilancio annuale della ditta?
What is the company's annual budget?

biliardo m.   *pool [table]*
Ti piace giocare a biliardo?
Do you like playing pool?

bilingue   *bilingual*
Sono bilingue.
I am bilingual.

binario m.   *railway track*
Non attraversate i binari.
Don't cross the train tracks.

biografico/-a   *biographical*
È un film biografico.
It's a biographical movie.

biondo/-a   *blond*
Mia sorella è bionda.
My sister is blond.

birbante m. & f.   *scoundrel, rogue*
Ah birbante, ti ho preso!
I've caught you, you little rogue!

bisbigliare   *to whisper*
Non riesco a capire se bisbigliate.
I can't understand if you whisper.

bisboccia f.   *drinking binge*
È uscito a fare bisboccia con gli amici.
He went out on a drinking binge with friends.

bisognare   *to be necessary, to have to*
Bisogna che partiate subito.
You have to leave right away.

bisogno m.   *need*
I miei bisogni sono pochi.
My needs are few.

bloccato/-a   *blocked, jammed*
Il traffico è bloccato; faremo tardi.
There is a traffic jam; we'll be late.

bollire   *to boil*
L'acqua bolle!
The water is boiling!

bollito/-a   *boiled*
Vorrei delle patate bollite come contorno.
I would like boiled potatoes as a side dish.

bolognese   *Bolognese*
Preparo il ragù alla bolognese.
I'm making a bolognese sauce.

bomba f.   *bomb*
La bomba è esplosa nella metropolitana.
The bomb exploded in the subway.

bombardare   *to bomb*
L' Italia è stata bombardata durante la Seconda Guerra Mondiale.
Italy was bombed during the Second World War.

bombola f.   *tank*
Non dimenticare di ricaricare la bombola del gas.
Don't forget to refill the gas tank.

bomboletta f.   *spray can*
Dov'è la mia bomboletta di lacca?
Where's my can of hairspray?

bomboniera f.   *party favor*
Tutti gli invitati hanno ricevuto una bomboniera.
All the guests received a party favor.

bontà f.   *goodness, kindness*
Questa persona ha una eccezionale bontà d'animo.
This person is exceptionally kind.

borbottare   *to mumble*
Borbottò alcune parole confuse.
He mumbled some confusing words.

borsa f.   *bag*
Ho dimenticato la borsa a casa.
I left my bag at home.

bosco m.   *forest*
In Abruzzo ci sono molti boschi.
There are many woods in Abruzzo.

botta f.   *blow*
La botta fu violenta.
The blow was violent.

bottiglia f.   *bottle*
C'è una bottiglia di vino nel frigo.
There's a bottle of wine in the fridge.

botto m.   *bang*
Udimmo un botto spaventoso.
We heard a frightening bang.

bottone m.   *button*
Ho perso un bottone della giacca.
I lost a jacket button.

braccialetto m.   *bracelet*
L'estate scorsa ho comprato un bellissimo braccialetto all'isola
    d'Elba.
Last summer I bought a beautiful bracelet on the island of Elba.

brancolare   *to grope*
Brancolava nel buio.
He was groping in the dark.

branda f.   *cot*
La stanza ha due letti singoli ed una branda per la terza persona.
The room has two twin beds and a cot for a third person.

brasare *to braise*
Ho brasato il vitello nel vino rosso.
I braised the beef in red wine.

breve *short*
Il mio discorso sarà breve.
My speech will be short.

brezza f. *breeze*
C'è una piacevole brezza questa sera.
There's a pleasant breeze this evening.

briciola f. *crumb*
Non lasciare briciole sul tavolo.
Don't leave crumbs on the table.

brillare *to shine*
La sabbia brilla sotto il sole.
The sand shines under the sun.

brindisi m. *toast*
Facciamo un brindisi per i nostri ospiti.
Let's make a toast to our guests!

brontolare *to grumble, growl*
Sento il tuo stomaco brontolare.
I can hear your stomach growling.

bruciare *to burn*
Il bosco bruciò a causa di un incendio.
The wood burned because of a fire.

brufolo m. *spot, pimple*
Ho un brufolo fastidioso sulla fronte.
I have an annoying pimple on my forehead.

brusco/-a *curt, abrupt*
L'atterraggio è stato brusco.
The plane's landing was abrupt.

brusio m. *buzz*
Non riesco a concentrarmi con questo brusio.
I can't concentrate with this buzz.

brutto/-a   *ugly*
Questa casa è brutta.
This house is ugly.

bucato m.   *laundry*
Odio fare il bucato.
I hate doing the laundry.

bucato/-a   *with a hole in it*
I miei pantaloni sono tutti bucati.
My pants are full of holes.

buffo/-a   *funny*
Sai qualche buffa barzelletta?
Do you know any funny jokes?

bugia f.   *lie*
Alcune persone non possono evitare di dire bugie.
Some people can't avoid telling lies.

bugiardo/-a   *liar*
Suo marito è un gran bugiardo.
Her husband is a big liar.

buio/-a   *dark*
Che buio c'è in questa casa!
It is so dark in this house!

buono/-a   *good, nice*
Che torta buona!
What a good cake!

bussare   *to knock*
Chi bussa alla porta?
Who's knocking at the door?

bussola f.   *compass*
La bussola ci aiuterà a trovare la via giusta.
The compass will help us find the right way.

busta f.   *envelope/plastic bag*
Ho bisogno di una busta per spedire questa lettera.
I need an envelope to send this letter.

buttare   *to throw*
Puoi buttare l'immondizia per favore?
Can you throw away the trash please?

C

caccia f.   *hunting*
Sono contro la caccia.
I'm against hunting.

cadere   *to fall*
Mi piacerebbe tanto imparare ad andare a cavallo, ma ho paura
  di cadere.
I would love to learn how to ride, but I am afraid of falling off the horse.

caffettiera f.   *coffee maker*
Mia madre ci ha regalato una caffettiera.
My mother gave us a coffee maker.

calamita f.   *magnet*
Se ruoti una calamita sopra a una bussola, l'ago inizierà a
  ruotare.
If you rotate a magnet over a compass, its needle will start to rotate too.

calcolatrice f.   *calculator*
Faccio sempre i conti con la calcolatrice.
I always use a calculator for my accounting.

caldo/-a   *hot*
Oggi fa veramente caldo!
Today it is really hot!

calendario m.   *calendar*
Segnati questa data sul calendario.
Mark the date on the calendar.

calzino m.   *sock*
Questo calzino ha un buco.
This sock has a hole in it.

cambiamento m.   *change*
Sono stanco del mio lavoro; ho bisogno di un cambiamento.
I'm tired of my job; I need a change.

cambiare   *to change*
Questa giacca è macchiata; posso cambiarla?
This jacket is stained; can I exchange it for a new one?

camera f.   *room*
Vorrei una camera doppia.
I would like a double room.

camerino m.   *dressing room, fitting room*
Vorrei provarmi questi pantaloni; dov'è il camerino?
I'd like to try on these pants; where's the fitting room?

caminetto m.   *fireplace*
Preferirei una casa con un caminetto.
I would prefer a house with a fireplace.

camminare   *to walk*
Camminare fa bene alla salute.
Walking is good for one's health.

campagna f.   *country*
Vivo in campagna.
I live in the country.

campanile m.   *bell tower*
Il campanile di S. Marco fu bombardato durante la guerra.
The bell tower in St. Marc's square was bombed during the war.

campeggio m.   *campsite*
Ho lavorato per tre mesi in un campeggio.
I worked at a campsite for three months.

campionato m.   *championship*
Il campionato di calcio inizia domani.
The soccer championship begins tomorrow.

campo m.   *field*
I campi di papaveri sono spettacolari.
Poppy fields are spectacular.

canale m.   *channel*
Puoi cambiare canale?
Can you change the channel?

cancellato/-a   *cancelled*
Tutti i voli europei sono stati cancellati per via dell'eruzione del
    vulcano in Islanda.
*All the European flights have been cancelled due to the volcanic
    eruption in Iceland.*

cancello m.   *gate*
Chiudi il cancello prima di partire.
Close the gate before you leave.

candeggina f.   *bleach*
Stai attenta a non schizzare i jeans con la candeggina.
Be careful not to splash bleach on your jeans.

candela f.   *candle*
Abbiamo cenato a lume di candela.
We dined by candlelight.

candidato/-a   *candidate*
È uno dei candidati alla presidenza.
He is one of the presidential candidates.

canna da pesca f.   *fishing pole*
Papà, per il mio compleanno mi compri una canna da pesca?
Daddy, will you get me a fishing pole for my birthday?

cantare   *to sing*
Canto solo sotto la doccia.
I only sing in the shower.

cantiere m.   *construction site*
Hanno appena aperto il cantiere per costruire il nuovo teatro.
They just opened the construction site to build the new theater.

canto m.   *singing*
Mia madre insegna canto.
My mother teaches singing.

canzone f.   *song*
Hai una canzone preferita?
Do you have a favorite song?

capire   *to understand*
Non capisco il suo comportamento.
I don't understand his behavior.

capitale m.   *capital*
Non potè aprire l'attività per mancanza di capitale.
He lacked the capital to open the business.

capitolo m.   *chapter*
Per domani leggete i primi tre capitoli del libro.
Read the first three chapters of the book for tomorrow.

capo/-a   *boss*
Il mio capo è molto esigente.
My boss is very demanding.

capodanno m.   *New Year's day*
Una mia amica ha passato il capodanno al circolo polare!
A friend of mine spent New Year's day at the Arctic Circle.

capolavoro m.   *masterpiece*
Il Pantheon è un capolavoro di architettura.
The Pantheon is a masterpiece of architecture.

capoluogo m.   *regional capital*
Cagliari è il capoluogo della Sardegna.
Cagliari is the regional capital of Sardinia.

cappella f.   *chapel*
La Cappella Sistina fu affrescata da Michelangelo.
The Sistine Chapel was frescoed by Michelangelo.

carabiniere m.   *military policeman*
I carabinieri indossano un'uniforma caratteristica.
Military policemen wear a special uniform.

carattere m.   *character*
È un uomo di parola, dal carattere impeccabile.
He is a man of his word, of impeccable character.

caratterizzare   *to characterize*
Come caratterizzeresti il problema?
How would you characterize the problem?

caricare   *to load*
Mi aiuti a caricare queste scatole?
Will you help me load these boxes?

carico/-a   *loaded*
Il camion è carico di mattoni.
The truck is loaded with bricks.

carino/-a   *pretty, cute*
È carino quel completo.
That's a cute outfit.

caro/-a   *expensive, dear*
Questo orologio è bellissimo ma è troppo caro.
This watch is beautiful, but it is too expensive.

carta f.   *paper*
Abbiamo bisogno di penne, colla e della carta.
We need more pens, glue and some paper.

carta di credito/debito f.   *credit/debit card*
Ho una nuova carta di credito/debito.
I have a new credit/debit card.

carta d'imbarco f.   *boarding pass*
Ho perso la mia carta d'imbarco!
I lost my boarding pass!

carte (da gioco) f. pl.   *(playing) cards*
Vuoi giocare a carte stasera?
Do you want to play cards this evening?

cartina f.   *map*
Hai una cartina della città?
Do you have a map of the city?

cartoleria f.   *stationer's store*
La cartoleria dove ero solito andare ha chiuso.
The stationer's shop I used to go to has closed down.

cartolina f.   *postcard*
Non dimenticarti di spedirmi una cartolina.
Don't forget to send me a postcard.

casa f.   *house, home*
Abbiamo appena comprato una casa in campagna.
We just bought a house in the country.

casco m.   *helmet*
Non è permesso andare in moto senza il casco.
Riding a motorcycle without a helmet is not allowed.

caso m.   *chance*
L'ho incontrato per caso.
I met him by chance.

cassa f.   *checkout, cashier's desk*
Il mio telefonino sembra sempre squillare quando sono alla cassa.
My cell phone always seems to ring when I'm at the checkout.

cassettone m.   *bureau, chest of drawers*
Questo cassettone apparteneva a mia nonna.
This bureau used to belong to my grandmother.

castano/-a   *brown*
Da bambina ero bionda, ma adesso sono castana.
As a child I was blond, but now I have brown hair.

castello m.   *castle*
Il castello di Edinburgo è molto rinomato.
Edinburgh castle is very famous.

castigo m.   *punishment*
Come castigo le ho proibito di uscire.
I've forbidden her to go out, as punishment.

cattedrale f.   *cathedral*
La cattedrale di Rouen fu immortalata nei quadri di Monet.
The Rouen cathedral was made immortal by Monet's paintings.

cattivo/-a   *bad, mean*
Non fare il cattivo!
Don't be mean!

cenere f. (pl.-i)   *ash*
La cenere è un buon fertilizzante.
Ashes make a good fertilizer.

centigrado m.   *centigrade*
In Italia la temperatura viene misurata in gradi centigrad.
In Italy temperature is measured in degrees centigrade.

centimetro m.   *centimeter*
Il bastone è lungo venti centimetri.
The stick is twenty centimeters long.

centro m.   *downtown*
In centro ci sono molti negozi eleganti.
There are a lot of elegant stores downtown.

centro commerciale m.   *shopping mall*
Lavoro a pochi passi dal centro commerciale.
I work just steps away from the shopping mall.

centro storico m.   *old town center*
Questo centro storico è molto antico.
This town center is very ancient.

ceramica f.   *ceramic*
A Deruta, la produzione di vasi, piatti ed oggetti ornamentali in
   ceramica risale al XIII secolo.
*The production of vases, plates, and ornamental objects in ceramic dates
   back to the 13th century in Deruta.*

cerchio m.   *circle*
Non sappiamo con precisione perchè le grosse pietre di
    Stonehenge siano state disposte a cerchio.
*We still don't know for certain why the Stonehenge megaliths were
    arranged in a circle.*

cerotto m.   *band-aid*
Mi sono tagliato; ho bisogno di un cerotto.
I cut myself; I need a band-aid.

certificato di nascita m.   *birth certificate*
Ho richiesto il mio certificato di nascita al comune.
I requested my birth certificate at the public records office.

certo   *of course*
Scusa puoi accompagnarmi dal dottore? -Sì, certo.
Can you take me to the doctor's? -Yes, of course.

cestino m.   *basket, trash can*
C'è un cestino per la carta?
Is there a waste paper basket?

chiacchierare   *to chat*
A mia sorella piace molto chiacchierare con le amiche.
My sister loves chatting with her friends.

chiamare   *to call*
Chiama tuo fratello.
Call your brother.

chiamarsi   *to be named, to be called*
Come si chiama tua zia?
What is your aunt's name?

chiamata f.   *phone call*
Ho ricevuto la tua chiamata sul cellulare.
I received your call on my cell phone.

chiarire   *to make clear, to explain*
Mi potresti chiarire questa questione?
Could you explain this matter to me?

chiave f.   *key*
Ho perso le chiavi di casa.
I lost my house keys.

chilo(grammo) m.   *kilo(gram)*
Ho perso tre chili!
I lost three kilos!

chilometro m.   *kilometer*
Quanti chilometri mancano per Milano?
How many kilometers are we from Milan?

chiocciola f.   *@ sign*
Il mio indirizzo e-mail è marta chiocciola yahoo punto it
My email address is marta@yahoo.it

chiuso/-a   *closed*
Il museo è chiuso il lunedì.
The museum is closed on Mondays.

cianfrusaglia f.   *knick-knacks*
Questi oggetti sono cianfrusaglie.
These objects are knick-knacks.

cibo m.   *food*
Il cibo indiano è il mio preferito.
Indian food is my favorite.

ciclista m. & f.   *bicyclist*
La strada era affollata da gruppi di ciclisti.
The road was crowded with groups of bicyclists.

cieco/-a   *blind*
Mio nonno era cieco fin dalla nascita.
My grandfather was blind from birth.

cielo m.   *sky*
Che bel cielo azzurro oggi!
What a nice blue sky today!

cinema m.   *movie theater, movies*
Vado al cinema ogni fine settimana.
I go to the movies every weekend.

cioè   *that is, which means*
Parto tra tre giorni, cioè mercoledì.
I leave in three days, that is Wednesday.

città f.   *city*
Qual è la tua città preferita?
What is your favorite city?

cittadinanza f.   *citizenship*
Michael ha la cittadinanza americana.
Michael has American citizenship.

ciuccio m.   *pacifier*
Lava il ciuccio, è caduto.
Wash the pacifier, it has fallen.

clacson m.   *(car) horn*
Suona il clacson se sei italiano!
Honk if you're Italian!

classe f.   *class (transp.)*
Non ho mai viaggiato in prima classe.
I've never travelled first class.

cogliere   *to pick, gather*
I bambini vogliono sapere se possono cogliere le ciliege.
The children want to know if they can pick cherries.

cognome m.   *last name*
Qual è il tuo cognome?
What's your last name?

coincidenza f.   *connection, coincidence*
Ho perso la coincidenza; adesso cosa faccio?
I missed my connection; now what do I do?

colla f.   *glue*
Se mi passi la colla, te lo aggiusto io.
If you pass me the glue, I'll fix it for you.

collana f.   *necklace*
È la collana di mia sorella.
It's my sister's necklace.

collina f.   *hill*
Panzano è un piccolo paese situato in collina.
Panzano is a small hill-top town.

colloquio di lavoro m.   *job interview*
Ho fatto un colloquio di lavoro per quella compagnia.
I had a job interview with that company.

colorare   *to color*
Ai bambini piace colorare.
Children love to color.

colore m.   *color*
Qual è il tuo colore preferito?
What's your favorite color?

commentare   *to comment*
Il ministro si è rifiutato di commentare la questione.
The minister refused to comment on the matter.

comodo/-a   *comfortable*
Questi sandali sono davvero comodi.
These sandals are really comfortable.

compagnia aerea f.   *airline*
Qual è la tua compagnia aerea preferita per viaggiare in Europa?
What is your favorite airline for flying to Europe?

compleanno m.   *birthday*
Buon compleanno!
Happy birthday!

completo/-a   *full*
Mi dispiace ma l'hotel è al completo.
I'm sorry but the hotel is full.

comprare   *to buy*
Dove posso comprare un telefonino?
Where can I buy a cell phone?

concerto m.   *concert*
È stato un concerto indimenticabile.
It was a memorable concert.

condire   *to season, to dress*
Hai già condito l'insalata?
Have you already dressed the salad?

confermare   *to confirm*
Dobbiamo confermare il volo 72 ore prima della partenza.
We have to confirm the flight 72 hours prior to departure.

confusione f.   *chaos/confusion*
C'era molta confusione in centro.
There was a lot of chaos downtown.

congelato/-a   *frozen*
Maria, hai sempre le mani congelate!
Maria, your hands are always frozen!

conoscere   *to know (someone), to meet*
Edoardo vuole conoscere il mio ragazzo.
Edoardo wants to meet my boyfriend.

consegnare   *to hand over, deliver*
Devo consegnare questo documento fra tre ore.
I have to deliver this document three hours from now.

consigliare   *to advise, to suggest*
Ti consiglio di prenderti una settimana di riposo.
I advise you to have a week's rest.

contanti m. pl.   *cash*
Mi dispiace ma non ho contanti.
I'm sorry but I don't have any cash.

contenere   *to contain*
La stanza contiene molti oggetti preziosi.
The room contains many precious objects.

contestare   *to contest*
Il primo ministro è stato contestato duramente.
The prime minister has been strongly contested.

continuamente   *continuously, constantly*
Laura si lamenta continuamente.
Laura complains constantly.

conto m.   *bill*
Cameriere, ci porta il conto?
Waiter, can you bring us the bill?

conto (bancario) m.   *bank account*
Vorrei versare questo assegno estero sul mio conto corrente.
I'd like to deposit this foreign check into my checking account.

contro   *against, counter to*
Hanno giocato contro il Milan.
They played against Milan.

controllare   *to check*
Il poliziotto ha controllato il mio passaporto.
The policeman checked my passport.

contuso/-a   *injured*
L'incidente ha causato diversi contusi.
There were several people injured in the accident.

conveniente   *good, reasonable*
È un prezzo conveniente per un paio di scarpe.
It's a good price for a pair of shoes.

conversazione f.   *conversation*
La conversazione si interruppe all'improvviso.
The conversation suddenly stopped.

coperta f.   *blanket*
Che freddo! Mi serve un'altra coperta.
It is so cold! I need another blanket.

copiare   *to copy*
Mi piace copiare i disegni di Leonardo.
I like copying Leonardo's drawings.

corpo m.   *body*
Il corpo di un tipico trilobite ha tre sezioni.
The body of a typical trilobite consists of three principal parts.

corrente (elettrica) f.   *electric current, power*
Prima di partire staccate la corrente elettrica.
Before you leave turn off the power.

corridoio m.   *corridor, aisle*
Vorrei un posto corridoio.
I'd like an aisle seat.

costa f.   *coast*
La costa in questa zona è spettacolare.
The coast in this area is spectacular.

costare   *to cost*
Quanto costa questo libro?
How much is this book?

cottura f.   *cooking*
Qual è il tempo di cottura?
How long does it have to cook?

credere   *to believe*
Devo crederti?
Should I believe you?

crudo/-a   *raw*
Che schifo! Questo pesce è crudo.
Disgusting! This fish is raw!

cucina f.   *kitchen*
Questa cucina è molto spaziosa.
This kitchen is very spacious.

cucinare   *to cook*
Cucinare è uno dei miei passatempi.
Cooking is one of my hobbies.

culla f.   *cradle, crib*
Era la culla di mia figlia.
It was my daughter's crib.

cuoio m.   *leather*
Ma questo è cuoio artificiale!
But this is imitation leather!

curare   *to treat*
Il medico mi ha curato la ferita.
The doctor treated my wound.

cuscino m.   *cushion, pillow*
Dormo sempre con due cuscini.
I always sleep with two pillows.

custode m. & f.   *guardian, attendant*
Dov'è il custode del parcheggio?
Where's the parking attendant?

D

da   *from*
Da dove arrivi?
Where are you coming from?

dado/dadi m./m. pl.   *die/dice*
È il tuo turno; getta i dadi.
It's your turn; throw the dice.

danneggiare   *to damage*
Ho danneggiato la macchina in un incidente.
I damaged the car in an accident.

danza f.   *dance*
È una danza tradizionale siciliana.
It's a traditional Sicilian dance.

dappertutto   *everywhere*
L'ho cercata dappertutto.
I looked everywhere for her.

dare   *to give*
Mi puoi dare un pò di latte?
Can you give me some milk?

data f.   *date*
Hanno già fissato la data del loro matrimonio.
They've already set their wedding date.

database m.   *database*
Ho il tuo indirizzo nel database.
I have your address in the database.

datore/-trice di lavoro   *employer*
Il suo datore di lavoro è molto simpatico.
His employer is very pleasant.

davanti a   *in front of*
Incontriamoci davanti al cinema.
Let's meet in front of the cinema.

davanzale m.   *windowsill*
Il vaso di gerani cadde dal davanzale.
The pot of geraniums fell from the windowsill.

davvero   *really*
I tuoi genitori sono davvero simpatici.
Your parents are really nice.

debilitare   *to weaken*
La malattia lo ha debilitato.
The illness weakened him.

debito m.   *debt*
È pieno di debiti.
He's deeply in debt.

debitore/-trice   *debtor*
Per ogni debitore c'è un creditore.
For every debtor there's a creditor.

debole   *weak*
Non sto bene; mi sento debole.
I'm not well; I feel weak.

debutto m.   *début*
Il suo debutto è stato disastroso.
His début was a disaster.

decaffeinato   *decaffeinated*
Bevo solo caffè decaffeinato.
I only drink decaffeinated coffee.

decappottabile f.   *convertible*
Mio fratello ha appena comprato una decappottabile.
My brother just bought a convertible.

decedere   *to pass away*
È deceduto l'anno scorso.
He passed away last year.

decente   *decent*
Il pranzo è stato decente.
Lunch was decent.

decidere   *to decide*
Non ho ancora deciso dove andare in vacanza.
I haven't decided yet where to go on vacation.

decisione f.   *decision*
È una decisione difficile da prendere.
It's a difficult decision to make.

decollare   *to take off*
L'aereo è decollato con 20 minuti di ritardo.
The plane took off 20 minutes late.

delicato/-a   *delicate, subtle*
È un profumo delicato.
It is a subtle perfume.

delizioso/-a   *delicious*
Che delizioso!
How delicious!

denaro m.   *money*
Quanto denaro hai intenzione di portare in viaggio?
How much money are you planning to bring on the trip?

dentifricio m.   *toothpaste*
Mi scusi, dov'è il dentifricio?
Excuse me, where's the toothpaste?

dentro   *inside*
Ho lasciato la borsa dentro la macchina.
I left my bag inside the car.

denunciare   *to report*
Mia moglie è andata a denunciare il furto.
My wife has gone to report the theft.

deodorante m.   *deodorant*
Ho finito il deodorante.
I ran out of deodorant.

depositare   *to deposit*
Devo depositare questo assegno.
I need to deposit this check.

deserto m.   *desert*
Mi piacerebbe vedere il deserto del Sahara.
I would like to see the Sahara desert.

destinazione f.   *destination*
Qual è la tua prossima destinazione per le vacanze?
What is your next holiday destination?

destino m.   *destiny, fate*
Credi nel destino?
Do you believe in fate?

destra   *right*
Chi è quella persona a destra di Maria?
Who's that person to the right of Maria?

detersivo m.   *washing powder, detergent*
Ho messo troppo detersivo nella lavastoviglie.
I put too much detergent in the washing machine.

di   *of*
Di chi è questa bicicletta?
Whose bicycle is this?

diario m.   *diary*
Hai mai tenuto un diario?
Have you ever kept a diary?

dichiarare   *to declare*
Ha qualcosa da dichiarare?
Do you have anything to declare?

dieta f.   *diet*
Sono a dieta.
I'm on a diet.

dietro   *behind*
Le scarpe sono dietro la porta.
The shoes are behind the door.

difettoso/-a   *faulty*
Questo computer è difettoso.
This computer is faulty.

difficile   *difficult*
Imparare una lingua straniera è difficile.
It is difficult to learn a foreign language.

di fronte (a)   *opposite (to)*
Vivo di fronte alla scuola.
I live opposite the school.

diga f.   *dam*
In Olanda ci sono molte dighe.
In Holland there are many dams.

digitale   *digital*
Hai una macchina fotografica digitale?
Do you have a digital camera?

digitare   *to key in, to dial*
Prima devi digitare il codice PIN.
First you have to enter your PIN number.

dilemma m.   *dilemma*
Sono di fronte ad un terribile dilemma.
I'm faced with a terrible dilemma.

diluvio m.   *flood*
Il diluvio ha devastato la nazione.
The flood devastated the nation.

dimagrire   *to lose weight*
Vorrei dimagrire di tre chili.
I'd like to lose three kilos.

dimenticare   *to forget*
Non riesco a dimenticare chi mi ha ferito.
I can't forget who hurt me.

dinamico/-a *active, dynamic*
Carlo pratica molti sport; è una persona dinamica.
Carlo plays a lot of sports; he's an active person.

dio m. *god*
Nella mitologia romana, Nettuno era il dio del mare.
Neptune was the god of the sea in Roman mythology.

dipendere *to depend*
Dipende solo da lui.
It depends entirely on him.

dipingere *to paint*
Mi piace molto dipingere.
I really like to paint.

diploma m. *diploma, certificate*
Hai un diploma?
Do you have a [high school] diploma?

diretta f. *live broadcast*
Questo programma è in diretta?
Is this a live broadcast?

diretto/-a *direct*
Dall'aeroporto occorre prendere l'autobus diretto fino al centro
della città.
*From the airport you have to take the direct bus that goes into the city
center.*

direzione f. *direction, way*
Mi sa che abbiamo sbagliato direzione.
I think we went the wrong way.

dirigere *to conduct, to direct*
Il direttore d'orchestra dirige l'orchestra.
The orchestra director conducts the orchestra.

diritto m. *right*
Non hai il diritto di parlarmi così.
You don't have the right to talk to me like this.

disabile m. & f. *disabled person*
È un parcheggio riservato ai disabili.
It's a parking spot reserved for disabled people.

disboscamento m.   *deforestation*
Il disboscamento è un serio problema ambientale.
Deforestation is a serious environmental problem.

discarica f.   *dump*
È una discarica a cielo aperto.
It's an open-air dump.

discesa f.   *descent, downhill slope*
D'ora in poi è tutta discesa.
From now on it's downhill all the way.

discorso m.   *speech*
Il suo discorso era lungo e noioso.
His speech was long and boring.

discreto/-a   *discreet*
Mi piacciono le persone discrete.
I like discreet people.

discriminazione f.   *discrimination*
La discriminazione è ancora un problema della nostra società.
Discrimination is still a problem in our society.

disegno m.   *drawing*
Che bel disegno!
What a beautiful drawing!

disgustoso/-a   *disgusting*
Che modo disgustoso di trattare le persone.
What a disgusting way to treat people.

disinvolto/-a   *confident, easy going*
Mio figlio è molto disinvolto.
My son is very easy going.

disoccupato/-a   *unemployed*
Mario non riesce a trovare lavoro; è disoccupato.
Mario can't find a job; he's unemployed.

dispensa f.   *pantry*
Tengo il cibo nella dispensa.
I keep the food in the pantry.

dispetto m.   *spite*
Lo ha fatto per dispetto.
He did it out of spite.

dispiacere   *to be sorry*
Mi dispiace molto per il tuo divorzio.
I'm very sorry about your divorce.

distanza f.   *distance*
Qual è la distanza tra la terra e la luna?
What is the distance between the earth and the moon?

distratto/-a   *distracted*
A cosa pensi? Sembri distratto.
What are you thinking about? You seem distracted.

distributore di benzina m.   *gas station*
Devo fermarmi al distributore di benzina.
I need to stop at the gas station.

distruggere   *to destroy*
I nostri problemi economici distrussero il nostro matrimonio.
Our financial problems destroyed our marriage.

disturbare   *to bother*
Siamo stanchi. Non ci disturbare!
We are tired. Don't bother us!

ditta f.   *company*
Il marito di Laura lavora per una famosa ditta.
Laura's husband works for a famous company.

divano m.   *sofa*
Il mio gatto dorme sempre sul divano.
My cat always sleeps on the sofa.

divertente   *funny*
Ho visto un film molto divertente in TV.
I saw a very funny movie on the TV.

divertirsi   *to have fun*
Questo fine settimana mi sono divertito molto.
This weekend I had a lot of fun.

dividere   *to divide, to split*
In quanti modi si può dividere un quadrato in due parti
   uguali?
How many ways can one split a square into two equal halves?

divisa f.   *uniform*
La divisa da portiere è composta da pantaloncini bianchi e
   maglia blu con strisce rosse.
*The goalkeeper's uniform consists of white shorts and a blue jersey with
   red stripes.*

divorziato/-a   *divorced*
I miei genitori sono divorziati.
My parents are divorced.

dizionario m.   *dictionary*
Porto sempre con me un dizionario italiano quando viaggio.
I always take an Italian dictionary with me when I travel.

doccia f.   *shower*
La doccia è troppo piccola.
The shower is too small.

documento m.   *document*
L'avvocato non mi ha mai inviato quel documento.
The lawyer never sent me that document.

dogana f.   *customs*
Non ho niente da dichiarare alla dogana.
I have nothing to declare at customs.

dolce m.   *sweet*
Che dolci avete come dessert?
What kind of sweets do you have for dessert?

dolore m.   *pain*
Ha accusato un forte dolore al petto.
He felt a strong chest pain.

doloroso/-a   *painful*
Ho un mal di testa molto doloroso.
I have a very painful headache.

domanda f.   *question*
Non ho capito la domanda; puoi ripeterla?
I didn't understand the question; would you repeat it?

domandare   *to ask*
Posso domandarti un favore?
Can I ask you a favor?

domestico/-a   *domestic*
Hai qualche animale domestico?
Do you have any pets?

donna f.   *woman*
Chi era quella donna con cui parlavi?
Who was that woman with whom you were talking?

dopo   *after, then*
Prima siamo andati in Svezia, e dopo siamo andati in Danimarca.
First we went to Sweden and then we went to Denmark.

dopobarba m.   *aftershave*
Ho comprato un dopobarba come regalo per mio nonno.
I bought an aftershave as a present for my granddad.

doppio   *double, twofold, twice as*
Questo metodo ha un doppio vantaggio.
The advantage of this method is twofold.

dormire   *to sleep*
Oggi voglio dormire fino a tardi.
Today I want to sleep until late.

dovere   *to have to, must*
Non posso restare, devo tornare a casa.
I can't stay, I must go home.

dozzina f.   *dozen*
Per fare questa torta hai bisogno di una dozzina di uova.
You need a dozen eggs to make this cake.

dramma m.   *drama*
Ho fatto un corso sul dramma elisabettiano.
I took a course on Elizabethan drama.

dritto   *straight (on)*
Vai sempre dritto; il museo è sulla destra.
Keep going straight; the museum is on the right.

droga f.   *drug*
Ha il vizio della droga.
He has a drug habit.

drogato/-a   *drug-addict*
Molti senzatetto sono anche drogati.
Many homeless people are drug-addicts too.

dubitare   *to doubt*
Dubito della tua sincerità.
I doubt your sincerity.

duomo m.   *cathedral*
Il Duomo di Firenze è un capolavoro architettonico.
The Florence Cathedral is an architectural masterpiece.

durante   *during*
Gli studenti erano distratti durante la lezione.
The students were distracted during the lesson.

durare   *to last*
La loro amicizia non è durata molto.
Their friendship did not last long.

durata f.   *length, duration*
Quant'è la durata del volo?
How long is the flight?

duro/-a   *hard*
Questo materasso è troppo duro.
This mattress is too hard.

E

e   *and*
Vorrei questo e quello.
I would like this and that.

ebbrezza f.   *drunkenness, inebriation*
Guidava in stato di ebbrezza.
He was driving under the influence of alcohol.

ebreo/-a   *Jew*
Molti ebrei vivono in questo quartiere.
Many Jews live in this neighborhood.

eccedere   *to exceed*
Il costo eccedeva il nostro bilancio.
The cost exceeded our budget.

eccentrico/-a   *eccentric*
Molti artisti sono un pò eccentrici.
Many artists are a little bit eccentric.

eccesso (di bagaglio) m.   *excess (baggage)*
Mi dispiace ma ha bagaglio in eccesso.
I'm afraid you are carrying excess baggage.

eccetto   *except*
Abbiamo invitato tutta la famiglia eccetto mio zio.
We invited the whole family except my uncle.

eccezionale   *exceptional, great*
È una pianista eccezionale.
She's an exceptional pianist.

eccezione f.   *exception*
Per te farò un'eccezione.
For you I'll make an exception.

eccitare   *to excite*
L'idea di andare a New York mi eccita incredibilmente.
The idea of going to New York really excites me.

ecco   *here is, here are*
Ecco i tuoi amici.
Here are your friends.

eclissi f.   *eclipse*
Quando ci sarà la prossima eclissi solare in Europa?
When will the next solar eclipse occur in Europe?

eco f. & m.   *echo*
L'eco è dovuto alla riflessione del suono.
Echo is caused by the reflection of sound.

ecologico/-a   *ecological*
Quali sono le conseguenze ecologiche dell'inquinamento del mare?
What are the ecological consequences of sea pollution?

ecologista m. & f.   *ecologist, environmentalist*
Gli ecologisti proteggono il mondo naturale dall'inquinamento.
Environmentalists protect the natural world from pollution.

economia f.   *economy*
L'economia globale è in crisi.
The global economy is in crisis.

economo/-a   *thrifty*
Dovresti essere più economo.
You should be more thrifty.

edificio m.   *building*
È un edificio molto antico al centro della città.
It's a very old building in the city center.

editoria f.   *publishing industry*
Il settore dell'editoria è in crisi.
The publishing industry is in crisis.

edizione f.   *edition*
Questa è una vecchia edizione del libro.
This is an old edition of the book.

educare   *to educate, to rear, to bring up*
Educare i bambini non è facile.
Rearing children is not easy.

educativo/-a   *educational*
Mi piacciono i documentari; li trovo educativi
I like documentaries; I find them educational.

educato/-a   *polite, well-behaved*
Cerca almeno di essere più educato con i tuoi genitori.
Try at least to be more polite with your parents.

educazione f.   *education, upbringing*
È importante dare una buona educazione ai bambini.
It's important to give children a good upbringing.

effervescente   *effervescent*
Queste compresse sono effervescenti.
These tablets are effervescent.

effetto m.   *effect*
Gli effetti speciali in questo film sono incredibili.
The special effects in this movie are incredible.

efficace   *efficient, effective*
Conosci un rimedio efficace contro il raffreddore?
Do you know an efficient remedy for a cold?

egoista m. & f. (m. pl.-i, f. pl.-e)   *selfish*
Odio le persone egoiste.
I hate selfish people.

elaborato/-a   *elaborate*
I costumi erano molto elaborati.
The costumes were very elaborate.

elasticità f.   *elasticity*
L'esercizio rafforza l'elasticità dei muscoli.
Exercise strengthens muscle elasticity.

elastico m.   *rubber band*
L'elastico teneva assieme le lettere.
The rubber band held the letters together.

elegante   *elegant*
È un ristorante molto elegante.
It's a very elegant restaurant.

eleganza f.   *elegance*
Ha una eleganza naturale.
She has a natural elegance.

eleggere   *to elect*
È stato eletto il nuovo primo ministro.
The new Prime Minister has been elected.

elemento m.   *element*
Quali sono i quattro elementi? -Terra, Aria, Acqua e Fuoco.
What are the four elements? - Earth, Air, Water and Fire.

elemosinare   *to beg*
Molti senzatetto elemosinano in strada.
Many homeless people beg on the street.

elencare   *to list*
Ha iniziato ad elencare tutti i miei difetti.
He started to list all my faults.

elenco m.   *list*
Nella mia agenda c'è un lungo elenco di nomi.
There's a long list of names in my address book.

elettricità f.   *electricity*
Questo elettrodomestico consuma molta elettricità.
This appliance uses a lot of electricity.

elettrico/-a   *electric*
C'era un'atmosfera elettrica.
There was an electric atmosphere.

elettrizzato/-a   *thrilled*
Sono elettrizzato per il mio nuovo lavoro.
I'm thrilled for my new job.

elettrodomestico m.   *appliance*
In casa ho molti elettrodomestici.
I have many electrical appliances at home.

elezione f.   *election*
Il prossimo anno ci saranno le elezioni generali.
Next year there will be the general elections.

elicottero m.   *helicopter*
L'elicottero atterrò sul tetto.
The helicopter landed on the roof.

eliminare   *to eliminate, remove*
Il corpo elimina naturalmente le tossine.
The body eliminates toxins naturally.

eliminato/-a   *removed*
L'ho eliminato dai miei contatti.
I removed him from my contacts.

elmetto m.   *helmet*
I minatori devono indossare un elmetto.
Miners have to wear a helmet.

elogiare   *to praise*
I critici lo hanno elogiato per la sua recitazione.
Critics praised him for his acting.

eloquente   *eloquent*
Mi piace ascoltarlo; è un oratore eloquente.
I like listening to him; he's an eloquent speaker.

emarginare   *to exclude*
Durante il liceo si sentì emarginato.
During high school he felt excluded.

emergenza f.   *emergency*
C'è stata un'emergenza a scuola.
There has been an emergency at school.

emicrania f.   *migraine*
Durante la lezione avevo una forte emicrania.
During the class I had a terrible migraine.

emotivo/-a   *emotional*
Sono una persona emotiva.
I'm an emotional person.

emozionante   *touching*
È un film emozionante.
It's a touching movie.

enciclopedia f.   *encyclopedia*
Le enciclopedie cartacee stanno sparendo.
Printed encyclopedias are disappearing.

energia f.   *energy*
Nella nostra società le energie rinnovabili sono fondamentali.
In our society sources of renewable energy are fundamental.

energico/-a   *energetic*
Ha una personalità energetica.
He has an energetic personality.

enorme   *huge*
La basilica di S. Pietro è enorme.
Saint Peter's Basilica is huge.

entrare   *to enter, to come in*
Entra per favore.
Come in, please.

entrata f.   *entrance*
L'entrata della villa è bellissima.
The entrance to the villa is beautiful.

equilibrato/-a   *balanced*
È importante mantenere una dieta equilibrata.
It is important to keep a balanced diet.

equipaggio m.   *crew*
L'equipaggio dell'aereo è stato molto gentile.
The plane's crew was very kind.

erba f.   *grass*
Il giardiniere taglia l'erba.
The gardener cuts the grass.

errore m.   *mistake*
Scusi, c'è un errore nel conto.
Excuse me, there's a mistake on the bill.

eruzione f.   *eruption*
Pompei è stata distrutta da un'eruzione.
Pompeii was destroyed by an eruption.

esagerare   *to exaggerate*
Tende ad esagerare quando parla dei suoi successi.
He tends to exaggerate when he speaks about his accomplishments.

esame m.   *exam*
Domani ho un esame di italiano.
Tomorrow I have an Italian exam.

esattamente   *exactly*
Gli ho detto esattamente quello che penso.
I told him exactly what I think.

esaudire   *to fulfill, to grant*
Vorrei poter esaudire tutti i tuoi desideri.
I would like to be able to grant all your wishes.

escursione f.   *excursion*
Mario ama fare escursioni in montagna.
Mario loves to go on mountain excursions.

esempio m.   *example*
Se non avete capito posso darvi altri esempi.
If you didn't understand, I can give you other examples.

esemplare   *exemplary*
Ha mantenuto un comportamento esemplare.
He displayed exemplary behavior.

esercito m.   *army*
L'esercito è impegnato in un'operazione di pace.
The army is engaged in a peacekeeping operation.

esibizione f.   *exhibition, performance*
La sua esibizione è stata indimenticabile.
His performance was unforgettable.

esigente   *demanding*
Il mio capo è molto esigente.
My boss is very demanding.

esigere   *to require, to demand*
Esigo il massimo silenzio.
I demand absolute silence.

esilio m.   *exile*
Napoleone morì in esilio.
Napoleon died in exile.

esotico/-a   *exotic*
Mi piacciono le piante esotiche.
I like exotic plants.

esperienza f.   *experience*
Non ho esperienza nella contabilità.
I don't have any experience in accounting.

esperto/-a   *expert*
È un esperto di computer.
He's a computer expert.

esplorare   *to explore*
Colombo esplorò il Nuovo Mondo.
Columbus explored the New World.

esportazione f.   *exportation*
L'esportazione di caffè è diminuita.
Coffee exportation has decreased.

esposizione f.   *exhibition, display*
L'esposizione su Picasso era molto affollata.
The Picasso exhibition was very crowded.

espressione f.   *expression*
Mi guardava con una espressione confusa.
He looked at me with a confused expression.

espresso/-a   *express*
Il treno espresso parte fra 10 minuti.
The express train leaves in 10 minutes.

esprimersi   *to express oneself*
Attraverso la pittura riesco ad esprimermi.
Through painting I can express myself.

essenziale   *essential*
La tua presenza è essenziale.
Your presence is essential.

essere   *to be*
Desidero essere felice.
I wish to be happy.

est   *east, to the east, eastern*
La parte est dell'isola è prevalentemente montagnosa.
The eastern part of the island is primarily mountainous.

estatico/-a   *ecstatic*
Cadde in un silenzio estatico.
She fell into an ecstatic silence.

estendere   *to extend, to expand*
Ho esteso il mio soggiorno di una settimana.
I extended my stay for one week.

esterno/-a   *outside*
La temperatura esterna è di venti gradi.
The outside temperature is 20 degrees.

estero m.   *foreign country, abroad*
Ho vissuto a lungo all'estero.
I lived abroad for a long time.

esteta m. & f.   *aesthete*
Oscar Wilde era un esteta.
Oscar Wilde was an aesthete.

estinzione f.   *extinction*
L'estinzione degli animali è un problema serio.
Animal extinction is a serious problem.

estivo/-a   *summer, summery*
Mi sono iscritto ad un corso estivo in Italia.
I signed up for a summer course in Italy.

estorsione f.   *extortion*
È stato arrestato e accusato di estorsione.
He was arrested and charged with extortion.

estradare   *to extradite*
Il prigioniero è stato estradato in Messico.
The prisoner was extradited to Mexico.

estraibile   *pull-out*
Il divano ha un letto estraibile.
The couch has a pull-out bed.

estraneo/-a   *stranger*
È un perfetto estraneo per me.
He's a perfect stranger to me.

estrazione f.   *extraction*
L'estrazione dei metalli può essere inquinante.
Metal extraction can cause pollution.

estroverso/-a   *extroverted*
Mia sorella è la più estroversa della famiglia.
My sister is the most extroverted in the family.

età f.   *age*
È molto maturo per la sua età.
He's very mature for his age.

etto m.   *100 grams*
Un etto di prosciutto, per favore.
100 grams of prosciutto, please.

euro m.   *euro*
L'euro è la valuta ufficiale dell'Unione europea.
The euro is the official currency of the European union.

evadere   *to escape, to evade*
Il prigioniero riuscì ad evadere.
The prisoner managed to escape.

evitare   *to avoid*
È meglio evitare l'ora di punta.
It is better to avoid rush hour.

F

fa   *ago*
Cinque anni fa sono andata in Cina.
Five years ago I went to China.

fabbrica f.   *factory*
Al nord d'Italia ci sono molte fabbriche.
In the north of Italy there are many factories.

fabbricare   *to make*
Questi giocattoli sono fabbricati in Cina.
These toys are made in China.

facile   *easy*
L'italiano è una lingua facile.
Italian is an easy language.

facilitare   *to facilitate, to make easier*
Gli interpreti facilitano la comunicazione.
Interpreters make communication easier.

facoltà f.   *faculty, department, school*
Studio alla facoltà di medicina.
I study at the medical school.

fallire   *to fail*
Il nostro progetto è fallito.
Our plan failed.

falsario/-a m./f.   *forger*
Questo quadro è molto simile all'originale; il falsario ha fatto un
    ottimo lavoro.
This painting is very similar to the original; the forger did a great job.

falso/-a   *fake*
Questa borsa non è originale; è un falso.
This bag is not original; it is a fake.

fame f.   *hunger*
Non ho molta fame.
I'm not very hungry.

famiglia f.   *family*
Passo il Natale con la mia famiglia.
I will spend Christmas with my family.

familiare   *familiar, family-like*
È un ambiente molto familiare.
It's a very familiar environment.

familiarizzare   *to familiarize*
La visita è stata organizzata per familiarizzare gli studenti
    con la scuola.
The visit was meant to familiarize students with the school.

famoso/-a   *famous*
Questo cantante è molto famoso in Italia.
This singer is very famous in Italy.

fanale m.   *light, lamp (car)*
Il fanale posteriore dell'auto non funziona.
The taillight of the car is not working.

fanatico/-a   *fanatical, fanatic*
È un tifoso fanatico del Milan.
He's a fanatic supporter of [the] Milan [soccer team].

fango m.   *mud*
Hai le scarpe coperte di fango.
Your shoes are covered in mud.

fantascienza f.   *science-fiction*
Sono un appassionato di fantascienza.
I'm a science-fiction lover.

fantasioso/-a   *fanciful, imaginative*
Ha scritto una storia molto fantasiosa sugli alieni.
She wrote a very imaginative story about aliens.

fantasticare   *to daydream*
Invece di studiare, fantastica sul futuro.
Instead of studying, she daydreams about the future.

fantastico/-a   *wonderful*
È un quadro fantastico.
It's a wonderful picture.

fare   *to do, to make*
Non ho ancora fatto il letto.
I haven't made the bed yet.

fare il pieno   *to fill up*
Mi faccia il pieno per favore.
Fill it up, please.

fare male   *to hurt*
Mi fa male quando mi alzo in piedi.
It hurts when I stand up.

fare un versamento   *to make a payment, deposit*
Vorrei fare un versamento.
I'd like to make a payment.

farmaco m.   *drug*
Ti ricordi il nome del farmaco che prendi contro l'allergia?
Do you remember the name of the drug you take for your allergy?

fase f.   *phase*
Attraversa una fase difficile della sua vita.
He's going through a difficult phase of his life.

fastidioso/-a   *annoying*
Non andiamo d'accordo; è una persona fastidiosa.
We don't get along; he's an annoying person.

fatica f.   *exertion*
Questo sport non richiede molta fatica fisica.
This sport does not require a lot of physical exertion.

faticare   *to struggle*
Ho faticato per arrivare dove sono.
I struggled to get where I am.

faticoso/-a   *tiring*
È un lavoro molto faticoso.
It's a very tiring job.

fattibile   *feasible*
È un compito fattibile.
It's a feasible task.

fattoria f.   *farm*
Sono cresciuto in una fattoria
I grew up on a farm.

fattura f.   *invoice*
Posso avere la fattura?
Can I have the invoice?

favola f.   *fairy tale*
Non credo più nelle favole.
I no longer believe in fairy tales.

favoloso/-a   *fabulous*
La vacanza è stata favolosa.
The vacation was fabulous.

favore m.   *favor*
Puoi farmi un favore?
Can you do me a favor?

favorevole   *favorable*
È un ambiente molto favorevole per gli artisti.
It's a very favorable environment for artists.

favorito/-a   *favorite*
È il candidato favorito alle elezioni.
He's the favorite candidate in the elections.

fazzoletto m.　*handkerchief*
Hai mai sentito l'espressione "fare un nodo al fazzoletto"?
Have you ever heard the expression "to tie a knot in the handkerchief"?

fede f.　*faith*
È una persona di fede.
He's a person of faith.

fedele　*faithful*
Cerco un uomo fedele.
I am looking for a faithful man.

felice　*happy*
Sono molto felice di vederti.
I'm very happy to see you.

felicità f.　*happiness*
Ti auguro tanta felicità.
I wish you a lot of happiness.

femmina f.　*female*
Il tuo cane è maschio o femmina?
Is your dog male or female?

femminista f. & m.　*feminist*
Si definisce una femminista.
She thinks of herself as a feminist.

fermata f.　*stop*
Scusi, qual è la fermata più vicina al duomo?
Excuse me, what is the closest stop to the cathedral?

fermezza f.　*firmness, resolve*
Le sue critiche non indebolirono la sua fermezza.
His criticisms didn't weaken her resolve.

ferro da stiro m.　*iron*
Non ricordo se ho spento il ferro da stiro.
I don't remember whether I turned off the iron.

ferroviario/-a f.　*railroad*
Il sistema di ferroviario è molto esteso.
The railroad system is very extensive.

festa f.　*party*
Organizzi una festa per il tuo compleanno?
Are you planning a party for your birthday?

festivo/-a   *holiday*
Durante i giorni festivi i negozi sono chiusi.
During holidays stores are closed.

fiamma f.   *flame*
La fiamma della candela sta traballando.
The candle flame is flickering.

fiammifero m.   *match*
Non giocare mai con i fiammiferi!
Never play with matches!

fiatare   *to speak, to breathe a word*
Nessuno osò fiatare.
No one dared to breathe a word.

fidanzato/-a   *boyfriend/girlfriend*
Hai un fidanzato?
Do you have a boyfriend?

fidarsi   *to trust*
Non mi fido di lui.
I don't trust him.

fieno m.   *hay*
Sono allergico al fieno.
I'm allergic to hay.

fiera f.   *fair*
Nel mio paese ogni anno c'è una fiera del bestiame.
Every year in my village there is a cattle fair.

fila f.   *line, queue*
Sono in fila dalle sette di stamattina.
I've been waiting in line since seven o'clock this morning.

film m.   *film, movie*
Hai già visto l'ultimo film di Benigni?
Have you already seen Benigni's latest film?

filo m.   *string*
Leghiamo i rami con il filo.
Let's tie the branches together with string.

filo interdentale m.   *dental floss*
Preferisco il filo interdentale alla menta.
I prefer mint-flavored dental floss.

filosofia f.   *philosophy*
Leggo raramente libri di filosofia.
I rarely read philosophy books.

finale   *final*
Questo è il risultato finale.
This is the final result.

finalmente   *finally*
Finalmente ho potuto parlare col professore.
Finally I managed to speak with the professor.

fine f.   *end*
Ci sposiamo a fine giugno.
We are getting married at the end of June.

finestra f.   *window*
Il vento ha fatto sbattere la finestra.
The wind made the window slam.

fingere   *to pretend*
Maria finge di essere felice ma non lo è.
Maria pretends to be happy but she isn't.

finire   *to finish*
Non vedo l'ora di finire questo progetto.
I can't wait to finish this project.

fiore m.   *flower*
Ho ricevuto un mazzo di fiori per il mio compleanno.
I received a bunch of flowers for my birthday.

firma f.   *signature*
Ho bisogno di una sua firma sul documento.
I need your signature on the document.

firmare   *to sign*
Puo firmare la ricevuta per favore?
Can you sign the invoice please?

fisso/-a   *fixed*
Ho uno stipendio fisso.
I have a fixed salary.

fiume m.   *river*
Il fiume più lungo d'Italia è il Po.
The Po is the longest river in Italy.

foglia f.   *leaf*
Le foglie cambiano colore in autunno.
Leaves change color in the Fall.

foglio m.   *sheet*
Hai un foglio?
Do you have a sheet of paper?

fondare   *to found*
La leggenda narra che Roma fu fondata da Romolo e Remo.
Legend has it that Rome was founded by Romulus and Remus.

fondo m.   *bottom*
C'è un relitto nel fondo del mare.
There is a wreck at the bottom of the sea.

fontana f.   *fountain*
Hai visitato la Fontana di Trevi?
Have you visited the Trevi Fountain?

fonte f.   *source, water spring*
C'è una fonte di acqua potabile in montagna.
There's a drinkable water spring in the mountains.

forbici f. pl.   *scissors*
Mi presti quelle forbici?
Will you lend me those scissors?

forchetta f.   *fork*
La forchetta viene disposta sopra al tovagliolo ripiegato, a
sinistra del piatto.
The fork goes on top of the napkin, to the left of the plate.

foresta f.   *forest*
La foresta è stata abbattuta.
The forest has been cut down.

forma f.   *shape*
Questo frutto ha una strana forma.
This fruit has a strange shape.

forno m.   *oven*
Ho già messo l'arrosto nel forno.
I already put the roast in the oven.

fornello m.   *burner*
Sei sicura d'aver spento il fornello?
Are you sure you turned off the burner?

forse   *maybe*
Forse verremo anche noi.
Maybe we'll come too.

forte   *strong, loud*
Ho sentito un rumore molto forte, come una esplosione.
I heard a very loud noise, like an explosion.

fortuna f.   *luck*
Buona fortuna!
Good luck!

foruncolo m.   *pimple*
Gli adolescenti normalmente hanno molti foruncoli.
Teenagers often have many pimples.

forza f.   *strength*
La forza di volontà è molto importante per avere successo.
Strength of mind is very important if you are to succeed.

forziere m.   *coffer*
Il forziere conteneva gioielli e monete d'oro.
The coffer contained jewelry and gold coins.

foto(grafia) f.   *photo(graph)*
Ho una bellissima foto di mia nonna quando era giovane.
I have a beautiful picture of my grandma when she was young.

fotocopiatrice f.   *photocopier*
La fotocopiatrice è rotta.
The photocopier is broken.

fra   *between*
Fra le nocciole e le mandorle preferisco le nocciole.
Between hazelnuts and almonds, I prefer hazelnuts.

fra   *in*
Arrivo fra cinque minuti.
I'll be there in five minutes.

fragile   *fragile*
È un vaso molto fragile.
It's a very fragile vase.

frase f.   *sentence*
Marco usa frasi molto complicate.
Marco uses very complicated sentences.

freccia f.   *arrow*
La freccia sulla mappa indica il sud.
The arrow on the map points south.

freddo/-a   *cold, chilly*
Fa freddo qua fuori.
It's cold out here.

freno (a mano) m.   *(hand) brake*
Mi si sono rotti i freni della bicicletta.
My bicycle brakes are broken.

fresco/-a   *fresh*
Le uova sono fresche.
The eggs are fresh.

friggere   *to fry*
Pelate e fate friggere le patate.
Peel and fry the potatoes.

frigorifero m.   *fridge*
Conserva sempre il latte nel frigorifero.
Always keep the milk in the fridge.

fritto/-a   *fried*
Le patatine fritte sono deliziose.
French fries are delicious.

frivolo/-a   *frivolous*
Bada solo alla moda; è una persona molto frivola.
She cares only for fashion; she is very frivolous.

frizzante   *sparkling*
Preferisci l'acqua frizzante o liscia?
Do you prefer sparkling or plain water?

frustrante   *frustrating*
Ho un lavoro molto frustrante.
I have a very frustrating job.

frutta f.   *fruit*
Per dimagrire occorre mangiare molta frutta.
To lose weight you need to eat plenty of fruit.

fucile m.   *gun*
Che tipo di permesso serve per portare i fucili da caccia in Scozia?
What types of permits are required to bring hunting guns to Scotland?

fulmine m.   *lightning*
Il fulmine illuminò il cielo intero.
Lightning lit up the whole sky.

fumare   *to smoke*
È vietato fumare nei locali pubblici.
It's forbidden to smoke in public places.

funerale m.   *funeral*
C'era tanta gente al funerale.
There were a lot of people at the funeral.

funzionare   *to function, to work*
Il computer non funziona bene; è lento.
The computer doesn't work well; it's slow.

funzione f.   *function*
Questo cellulare ha molte funzioni.
This cell phone has several functions.

fuochi d'artificio m. pl.   *fireworks*
Festeggiamo con fuochi d'artificio!
Let's celebrate with fireworks!

fuoco m.   *fire*
È importante saper accendere il fuoco in campeggio.
When camping, it's important to know how to start a [camp]fire.

fuori   *out*
Lascia il gatto fuori casa.
Leave the cat outside the house.

furioso/-a   *furious*
Era furiosa per quello che gli aveva detto.
She was furious at what he had said to her.

furto m.   *theft*
Hai denunciato il furto alla polizia?
Have you reported the theft to the police?

futuro m.   *future*
Cosa farai nel futuro?
What will you do in the future?

G

gabbia f.   *cage*
Non mi piace vedere gli animali in gabbia.
I don't like seeing animals in a cage.

gaffe f.   *blunder*
Ho fatto una gaffe.
I made a blunder.

galanteria f.   *courteousness*
Apprezzo la tua galanteria.
I appreciate your courteousness.

galantuomo m.   *gentleman*
I veri galantuomini non esistono più.
Real gentlemen don't exist anymore.

galassia f.   *galaxy*
Quante galassie ci sono nell' universo?
How many galaxies are there in the universe?

galateo m.   *etiquette*
Non conosce il galateo.
He doesn't know the rules of etiquette.

galera f.   *prison, jail*
È stato mandato in galera.
He was sent to jail.

galleggiare   *to float*
Il legno galleggia sull'acqua.
Wood floats on water.

galleria f.   *gallery*
Lavoro per una galleria d'arte.
I work for an art gallery.

galleria f.   *tunnel*
Accendere i fari in galleria.
Turn on your headlights in the tunnel.

gambo m.   *stalk*
Le rose hanno gambi lunghi.
Roses have long stalks.

gamma f.   *range*
Vendiamo la gamma completa di taglie.
We sell the full range of sizes.

gara f.   *race, competition, contest*
Chi ha vinto la gara?
Who won the race?

garage m.   *garage*
La mia casa ha un garage.
My house has a garage.

garantire   *to assure, to warrant*
Ti garantisco che verrò.
I assure you I will come.

garanzia f.   *warranty*
L' elettrodomestico ha una garanzia di due anni.
This appliance comes with a two-year warranty.

garbato/-a   *polite, well-mannered*
È una persona molto garbata.
She's a very well-mannered person.

garbuglio m.   *tangle, confusion*
C'è un garbuglio di cavi.
There's a tangle of cables.

gareggiare   *to compete*
Gli atleti gareggiano domani.
The athletes compete tomorrow.

gargarismo m.   *gargle*
I gargarismi fanno bene al mal di gola.
Gargling can help a sore throat.

gas m.   *gas*
L'idrogeno è un gas esplosivo.
Hydrogen is an explosive gas.

gasato/-a   *fizzy*
Non bevo bibite gasate.
I don't drink fizzy drinks.

gasolio m.   *diesel fuel*
Il gasolio costa meno della benzina.
Diesel fuel is cheaper than gas.

gastronomia f.   *gastronomy*
Ho tanti libri di gastronomia.
I have many gastronomy books.

gattonare   *to crawl*
Mio figlio ha già iniziato a gattonare.
My son has already started to crawl.

gay   *gay*
Sono gay.
I am gay.

gelare   *to freeze*
Chiudi la finestra, sto gelando.
Close the door, I'm freezing.

gelido/-a   *icy, freezing*
Soffiava un vento gelido.
A freezing wind was blowing.

geloso/-a   *jealous*
Sono una persona molto gelosa.
I'm a very jealous person.

gemelli/-e   *twins*
Si assomigliano molto; sembrano gemelli.
They are very alike; they look like twins.

gemere   *to moan*
Il soldato ferito gemeva dal dolore.
The wounded soldier moaned in pain.

gemma f.   *gem*
I diamanti sono le gemme più preziose.
Diamonds are the most precious gems.

genealogia f.   *genealogy*
Mi piacerebbe indagare la genealogia della mia famiglia.
I would like to research my family's genealogy.

generalizzare   *to generalize*
Spesso tendo a generalizzare.
I often tend to generalize.

generare   *to generate*
I mulini a vento generavano energia.
Windmills used to generate energy.

genere m.   *type, kind*
Che genere di film ti piacciono?
What kind of movies do you like?

generoso/-a   *generous*
Mio zio è molto generoso.
My uncle is very generous.

gengiva f.   *gum, gingiva*
Ho le gengive infiammate.
My gums are swollen.

geniale   *ingenious, clever*
Il libro ha una trama geniale.
The book has an ingenious plot.

genio m.   *genius*
Mia sorella è il genio della famiglia.
My sister is the genius in the family.

gentile   *kind*
Sii gentile con tua sorella.
Be kind to your sister.

genuino/-a   *wholesome, genuine*
Vendiamo solo prodotti genuini.
We only sell wholesome products.

gerarchia f.   *hierarchy*
La loro società ha una rigida gerarchia di classi sociali.
Their society has a rigid hierarchy of social classes.

germogliare   *to sprout*
Guarda, la pianta ha iniziato a germogliare!
Look, the plant has started to sprout!

gestore m.   *manager, operator*
Sono il gestore di un ristorante.
I'm the manager of a restaurant.

gettare   *to throw*
Non gettare la carta per terra.
Don't throw paper on the floor.

ghiaccio m.   *ice*
Hai del ghiaccio nel congelatore?
Do you have some ice in the freezer?

già   *already*
Hai già mangiato?
Have you already eaten?

giardino m.   *garden*
Facciamo colazione in giardino?
Shall we eat breakfast in the garden?

giocare   *to play*
Volete venire a giocare da noi?
Do you want to come over to play?

giocatore/-trice   *player*
È un giocatore di calcio.
He's a soccer player.

gioco m.   *game*
Che gioco divertente!
What a fun game!

giornale m.   *newspaper*
Mio padre compra il giornale ogni mattina.
My dad buys the newspaper every morning.

giornata f.   *day*
È una giornata piovosa.
It's a rainy day.

giorno m.   *day*
Fra quanti giorni torni?
In how many days will you be back?

giovane   *young*
Quando ero giovane vivevo a Firenze.
When I was young I used to live in Florence.

girare   *to turn*
Vada sempre dritto, poi giri a destra.
Keep going straight, then turn right.

giro m.   *turn, tour*
Ho fatto il giro delle ville palladiane.
I took the tour of the Palladian villas.

gita f.   *trip*
Ho fatto una gita a Perugia.
I took a trip to Perugia.

giù *down*
Marco è giù in giardino.
Marco is down in the garden.

giurisprudenza f. *law*
Ho studiato giurisprudenza all'università.
I studied law at the university.

giusto/-a *right*
Non è giusto giudicare le persone.
It's not right to judge people.

glabro/-a *hairless*
Il suo volto era ancora glabro.
His face was still hairless.

goccia f. *drop (small amount)*
Accidenti! Mi è caduta una goccia di vino sulla camicia bianca.
Darn it! A drop of wine fell onto my white shirt.

goccio m. *drop (to drink)*
Versami solamente un goccio di vino, per favore.
Pour me only a drop of wine, please.

godere *to enjoy*
Gli Italiani sanno godere la vita.
Italians know how to enjoy life.

gomma f. *rubber, tire*
Devo cambiare le gomme alla macchina.
I have to change the tires on the car.

gomma a terra f. *flat tire*
Oh no! Abbiamo una gomma a terra.
Oh no! We have a flat tire.

gomma (da cancellare) f. *eraser*
Ho lasciato la gomma da cancellare in classe.
I left my eraser in the classroom.

gonfiare *to swell, to pump up, to blow up*
Hai gonfiato le ruote della bicicletta?
Have you pumped (up) the tires on the bike?

gotico/-a *gothic*
Mi piacciono i racconti gotici.
I like gothic novels.

governo m.　　*government*
È un governo corrotto.
It's a corrupt government.

gradinata f.　　*tier*
I biglietti in gradinata sono più economici.
Tier tickets are cheaper.

gradino m.　　*step*
Attenzione al gradino.
Mind the step.

graffetta f.　　*paper clip, staple*
Hai delle graffette?
Do you have some paper clips?

grammatica f.　　*grammar*
Per domani, finite gli esercizi di grammatica.
Finish the grammar exercises for tomorrow.

grande　　*big*
Vive in una grande casa in periferia.
She lives in a big house in the suburbs.

grande magazzino m.　　*department store*
Da noi non c'è un grande magazzino.
We don't have a department store.

grandine f.　　*hail*
La pioggia si trasformò in grandine.
The rain turned into hail.

grasso/-a　　*fat*
Questo gatto è proprio grasso.
This cat is really fat.

gratis　　*free*
L'entrata è gratis.
There is no admittance fee.

gratitudine f.　　*gratitudine*
Sento profonda gratitudine per i miei genitori.
I feel deep gratitude for my parents.

grattare　　*to scratch*
Mi puoi grattare la schiena per favore?
Will you scratch my back, please?

grave   *serious*
Ha avuto un grave incidente.
He had a serious accident.

grazie   *thank you*
Grazie mille; sei molto gentile.
Thank you a lot; you're very kind.

griglia f.   *grill*
Il pesce alla griglia è molto saporito.
Grilled fish is vey tasty.

grotta f.   *grotto, cave*
Se vai a Capri visita la Grotta Azzurra.
If you go to Capri, visit the Blue Grotto.

grottesco/-a   *grotesque*
È un romanzo pieno di personaggi grotteschi.
It's a novel full of grotesque characters.

gruccia f.   *coat hanger*
Le grucce sono nell'armadio.
The coat hangers are in the closet.

gruppo m.   *group, band*
Nelle città italiane ci sono molti gruppi di turisti.
In Italian cities there are many tourist groups.

guadagnare   *to earn*
Vorrei guadagnare di più.
I would like to earn more.

guardare   *to look at, watch*
Guardami!
Look at me!

guarire   *to heal, to recover*
Sono guarito molto rapidamente.
I recovered very quickly.

guastare   *to spoil, to damage*
Le nostre vacanze furono guastate dalla pioggia.
Our vacation was spoiled by the rain.

guerra f.   *war*
Hanno dichiarato guerra al paese confinante.
They declared war on the neighboring country.

guida f.   *guide, guidebook*
Non riesco a trovare questo monumento sulla guida.
I can't find this monument in the guidebook.

guidare   *to drive*
Guida troppo velocemente.
He drives too fast.

gusto m.   *taste, flavor*
Che gusto di gelato preferisci?
What ice cream flavor do you prefer?

gustoso/-a   *savory*
Che piatto gustoso!
What a savory dish!

H

hotel m.   *hotel*
Hai prenotato l'albergo?
Did you book the hotel?

I

idea f.   *idea*
Mi è venuta un'idea fantastica.
I came up with a fantastic idea.

idiota m. & f.   *idiot*
Mi prendi per un'idiota?
Do you take me for an idiot?

illegale   *illegal*
Fumare marijuana è illegale.
Smoking marijuana is illegal.

illogico/-a   *illogical*
Il tuo discorso è completamente illogico.
Your speech is totally illogical.

illusione f.   *illusion*
Non mi faccio illusioni su questo nuovo governo.
I have no illusions about this new government.

illusorio/-a   *illusory*
Hai delle speranze illusorie.
You have illusory hopes.

illustrazione f.   *illustration*
Mi piacciono i libri con tante foto e illustrazioni.
I like books with many photographs and illustrations.

illustre   *distinguished*
È un illustre professore alla Sapienza.
He's a distinguished professor at the Sapienza University.

imbarazzante   *embarrassing, awkward*
Ho commesso un errore imbarazzante.
I made an embarrassing mistake.

immaginare   *to imagine*
Non posso immaginare cosa farà adesso.
I can't imagine what he will do now.

immaginazione f.   *imagination*
Giulia è una bambina con molta immaginazione.
Giulia is a child with a lot of imagination.

immediatamente   *immediately*
La polizia è accorsa immediatamente.
The police came immediately.

immenso/-a   *immense, huge*
Ha ereditato una fortuna immensa.
He inherited an immense fortune.

immigrante m. & f.   *immigrant*
Molti immigranti arrivano in Italia illegalmente.
Many immigrants arrive in Italy illegally.

immigrazione f.   *immigration*
Il governo ha varato nuove leggi sull'immigrazione.
The government has passed new immigration laws.

immobile m.   *building, property*
Sai che è proprietario di un immobile nel centro di Roma?
Do you know he is the owner of a building in the center of Rome?

imparare   *to learn*
Dove hai imparato a suonare il pianoforte?
Where did you learn to play the piano?

impasto m.   *mixture, batter*
Versa l'impasto nel tegame.
Pour the batter into the pan.

impaziente *impatient*
Mio padre è molto impaziente.
My dad is very impatient.

impeccabile *impeccable*
Il suo stile è sempre impeccabile.
His style is always impeccable.

impedimento m. *impediment, obstacle*
Sarò di rientro lunedì, salvo impedimenti.
I will be back on Monday, barring obstacles.

impegno m. *responsibility, commitment*
Bisogna rispettare gli impegni.
You have to respect commitments.

imperatore/-trice *emperor/empress*
Giulio Cesare era imperatore.
Julius Caesar was an emperor.

impermeabile m. *raincoat*
Metti in valigia un impermeabile.
Pack a raincoat.

impero m. *empire*
L'impero romano era immenso.
The Roman Empire was immense.

impiegato/-a *clerk*
Sono un impiegato alla banca.
I'm a bank clerk.

impiego m. *employment, job*
Sara ha un buon impiego.
Sara has a good job.

importante *important*
È importante essere puntuali.
It's important to be punctual.

importanza f. *importance*
Non dimenticare l'importanza di una sana alimentazione.
Don't forget the importance of a healthy diet.

importato/-a *imported*
Questo prodotto è importato dal Sud America.
This product is imported from South America.

impossibile *impossible*
È una situazione impossibile.
It's an impossible situation.

imposta f. *tax*
Un buon cittadino paga le imposte.
A good citizen pays taxes.

impotente *powerless, helpless, impotent*
Mi sento impotente di fronte a tanta sofferenza.
I feel powerless when faced with so much suffering.

imprenditore/-trice *entrepreneur, business owner*
Carlo è un piccolo imprenditore.
Carlo is a small-business owner.

improbabile *improbable, unlikely*
È improbabile che si faccia vivo.
He is not likely to turn up.

incantevole *enchanting, charming*
È una cittadina incantevole.
It's a charming little town.

incapace *incapable, unable*
Sono incapace di mentire.
I'm incapable of lying.

incassare *to cash*
Devo incassare un assegno.
I need to cash a check.

incendio m. *fire (uncontrolled)*
Gli incendi boschivi sono un grave problema.
Forest fires are a big problem.

incerto/-a *uncertain*
Il nostro futuro è incerto.
Our future is uncertain.

inchiostro m. *ink*
Dove posso comprare le cartucce d'inchiostro per stampanti?
Where can I buy ink cartridges for printers?

incidente m. *accident*
C'è stato un brutto incidente sull'autostrada.
There was a bad accident on the highway.

includere   *to include*
Includi Marco nell'invito.
Include Marco in the invitation.

incluso/-a   *included*
Le tasse sono già incluse.
Taxes are already included.

incominciare   *to begin*
Lo spettacolo incomincia fra dieci minuti.
The show begins in ten minutes.

incontrare   *to meet*
Hai mai incontrato una persona famosa?
Have you ever met a famous person?

incubo m.   *nightmare*
Stanotte ho avuto un incubo tremendo.
Last night I had a horrible nightmare.

indeciso/-a   *undecided, indecisive*
Essere indecisi è spesso un grave difetto.
Being indecisive is often a big fault.

indegno/-a   *unworthy*
Quei pensieri sono indegni di te.
Those thoughts are unworthy of you.

indicare   *to indicate, to suggest*
Mi puoi indicare un buon ristorante?
Can you suggest a good restaurant?

indicazione f.   *indication, direction*
Segui le indicazioni.
Follow the directions.

indice m.   *index, forefinger*
Questo nome non è nell'indice.
This name is not in the index.

indimenticabile   *unforgettable*
Il viaggio a Parigi è stato indimenticabile.
The Paris trip was unforgettable.

indipendenza f.   *independence*
Molti popoli si battono per l'indipendenza.
Many people are fighting for independence.

indirizzo m.   *address*
Mi dai il tuo indirizzo?
Will you give me your address?

indispensabile   *necessary*
Per lavorare qui è indispensabile conoscere l'inglese.
To work here it is necessary to speak English.

individualmente   *individually*
Gli studenti hanno parlato individualmente con il professore.
Students spoke individually with the teacher.

indovinare   *to guess*
Indovina quanti anni ho.
Guess how old I am.

indumento m.   *garment, piece of clothing, clothes*
Questi indumenti non sono adatti per un clima umido.
These clothes are not suitable for a humid climate.

industria f.   *industry*
L'industria dell'auto è molto importante a Torino.
The automobile industry is very important in Turin.

industriale   *industrial*
Milano è una città industriale.
Milan is an industrial city.

industrializzazione f.   *industrialization*
Negli anni cinquanta in Italia ci fu un processo di
    industrializzazione.
Italy underwent an industrialization process in the 50s.

inesatto   *incorrect*
Il conto è inesatto.
The bill is incorrect.

inesistente   *nonexistent*
È un problema inesistente.
It's a nonexistent problem.

infanzia f.   *childhood*
La mia infanzia è stata molto felice.
My childhood was very happy.

infarinare   *to flour*
Infarina il pesce prima di friggerlo.
Flour the fish before frying it.

infelice   *unhappy*
Aveva un'aria molto infelice.
She looked very unhappy.

infermiere/-a   *nurse*
Infermiera, posso avere dell'acqua?
Nurse, may I have some water?

inferno m.   *hell*
Hai letto l'Inferno di Dante?
Have you read Dante's Inferno?

infinito/-a   *endless, infinite*
Ho avuto infinite difficoltà.
I had endless difficulties.

inflazione f.   *inflation*
Il governo è impegnato nella lotta contro l'inflazione.
The government is committed to the fight against inflation.

influenza f.   *influenza, flu*
Quest'anno ho avuto l'influenza due volte.
This year I had the flu twice.

informatica f.   *computer science*
L'informatica è fondamentale nel mondo del lavoro moderno.
Computer science is fundamental in the modern world of work.

informazione f.   *information*
Queste sono informazioni importanti.
This is important information.

ingiustizia f.   *injustice*
Non sopporto le ingiustizie sociali.
I can't stand social injustice.

ingiusto/-a   *unfair, unjustified*
Ha dato un giudizio ingiusto su di lei.
He judged her unfairly.

inglese   *English*
Mi scusi, parla inglese?
Excuse me, do you speak English?

ingrato/-a   *ungrateful*
Nonostante lo abbia aiutato, è stato molto ingrato con me.
Although I helped him, he's been very ungrateful to me.

ingrediente m.   *ingredient*
Il mascarpone è un ingrediente fondamentale del tiramisù.
Mascarpone is a basic ingredient for tiramisù.

ingresso m.   *entrance*
L'attrice ha fatto un ingresso trionfale.
The actress made a triumphal entrance.

iniziare   *to start*
Il corso di italiano inizia alle 8:30.
The Italian course starts at 8:30.

innamorarsi   *to fall in love*
Mi sono innamorato di te.
I fell in love with you.

innamorato/-a   *in love with*
È follemente innamorata di suo marito.
She's madly in love with her husband.

innato/-a   *innate*
Ha un talento innato per le lingue.
She has an innate talent for languages.

innocente   *innocent*
Non ha fatto niente; è innocente.
He didn't do anything; he's innocent.

inondazione f.   *flood*
C'è stata una terribile inondazione nel nord Italia.
There has been a terrible flood in Northern Italy.

inquieto/-a   *worried, restless*
Il suo ritardo mi rende inquieto.
I'm worried about his delay.

inquietudine f.   *anxiety, restlessness*
Ho spesso un sentimento di inquietudine quando volo.
I often feel anxious when flying.

inquilino/-a   *tenant*
Gli inquilini del piano di sopra sono rumorosi.
The upstairs tenants are noisy.

inserire   *to insert*
Come si inserisce un CD nel Mac Pro?
How do you insert a CD in a Mac Pro?

insicuro/-a   *insecure, unsure, unsafe*
È una strada insicura.
It's an unsafe road.

insinuare   *to insinuate, to imply*
Cosa vuoi insinuare?
What are you implying?

insipido/-a   *bland*
La minestra è insipida.
The soup is bland.

insistere   *to insist*
Continuava ad insistere che aveva ragione.
He kept insisting he was right.

insoddisfatto/-a   *unsatisfied, dissatisfied*
È molto insoddisfatta del suo lavoro.
She's very dissatisfied with her job.

insolente   *insolent*
Il tuo comportamento insolente non sarà tollerato.
Your insolent behavior will not be tolerated.

insolito/-a   *unusual*
Non è insolito per lui lavorare sino a tardi.
It's not unusual for him to work late.

instabile   *unstable*
Il tuo tavolo è un po' instabile.
Your table is a bit unstable.

insultare   *to insult*
Durante il litigio si sono insultati a vicenda.
During the argument they both insulted one another.

insulto m.   *insult*
Questa parola è un brutto insulto.
This word is a terrible insult.

intelligente   *intelligent*
È la persona più intelligente che io conosca.
She's the most intelligent person I know.

interdetto/-a   *forbidden, prohibited*
L'accesso al locale è interdetto ai minori.
Admittance to the club is forbidden to minors.

interessante   *interesting*
Il suo ultimo libro è interessante.
His last book is interesting.

interessare   *to interest*
Questo film potrebbe interessarti.
This movie might interest you.

interesse m.   *interest*
Mostra un grande interesse per la cultura italiana.
She shows great interest in Italian culture.

intero/-a   *entire, whole*
Ho mangiato la torta intera.
I ate the whole cake.

interprete m. & f.   *interpreter*
Lavora all'ONU come interprete.
She works at the UN as an interpreter.

interruttore m.   *switch*
Dov'è l'interruttore della luce?
Where's the light switch?

intitolato/-a   *titled*
Il libro è intitolato "Mare e Sardegna".
The book's title is "Sea and Sardinia".

inutile   *useless*
Non uso mai questo elettrodomestico; è inutile.
I never use this appliance; it's useless.

invece   *instead*
Andiamo a piedi invece di andare in macchina.
Let's walk instead of taking the car.

investigare   *to investigate*
La polizia stava investigando il crimine.
The police were investigating the crime.

investire   *to invest*
Ho investito molto in questa relazione.
I invested a lot in this relationship.

invitare   *to invite*
Invitiamolo a cena.
Let's invite him to dinner.

invitato/-a   *guest*
C'erano molti invitati alla festa.
There were many guests at the party.

isola f.   *island*
Vorrei vivere in un'isola deserta.
I would like to live on a deserted island.

isolato m.   *block*
La scuola è a due isolati da qui.
The school is two blocks from here.

itinerario m.   *itinerary*
Qual è il vostro itinerario?
What is your itinerary?

J

jogging m.   *jogging*
Faccio jogging tutte le mattine.
I jog every morning.

L

là   *there*
Tua madre è là che ti aspetta.
You mother is over there waiting for you.

labbro m. (f. pl.-a)   *lip*
Ahia, mi sono morso il labbro!
Ouch, I bit my lip!

labirinto m.   *labyrinth, maze*
Questo edificio è un labirinto.
This building is a labyrinth.

laboratorio m.   *laboratory*
Gli esperimenti di laboratorio furono un successo.
The laboratory experiments were a success.

lacca f.   *hair spray*
Scusa, hai della lacca?
Excuse me, do you have hair spray?

laccio m.   *lace*
Ho bisogno di nuovi lacci per queste scarpe.
I need new laces for these shoes.

lacrima f.   *tear*
Sono partita con le lacrime agli occhi.
I left with tears in my eyes.

lacrimare   *to shed tears, to water*
Tagliare la cipolla fa lacrimare gli occhi.
Cutting onions makes your eyes water.

ladro/-a   *thief*
Un ladro mi ha rubato la bicicletta.
A thief stole my bicycle.

laggiù   *down there*
Dov'è il castello? -Laggiù.
Where's the castle? -Down there.

lago m.   *lake*
La Svezia ha tanti bellissimi laghi.
Sweden has many beautiful lakes.

laguna f.   *lagoon*
Venezia è costruita su di una laguna.
Venice is built on a lagoon.

lamentarsi   *to complain*
Non lo sopporto; si lamenta sempre.
I can't stand him; he always complains.

lamentoso/-a   *mournful, grumbling*
Si lamenta di tutto; è la persona più lamentosa che conosca.
*He grumbles about everything; he complains more than anyone else
    I know.*

lampada f.   *lamp*
La lampada in salotto si è fulminata.
The lamp in the living room burnt out.

lampadina f.   *light bulb*
È scoppiata un'altra lampadina.
Another light bulb has burst.

lana f.   *wool*
Questa lana è molto soffice.
This wool is very soft.

lardo m.   *lard*
Metto una fettina di lardo per insaporire l'arrosto.
I put a slice of lard to make the roast tastier.

largo/-a   *large*
La giacca è troppo larga.
The jacket is too large.

lasciare   *to leave*
Lasciammo Firenze una settimana prima di te.
We left Florence one week before you did.

lato m.   *side*
L'ospedale è all'altro lato della strada.
The hospital is on the other side of the street.

lattina f.   *can*
Le lattine di birra sono in frigo.
The beer cans are in the fridge.

laurea f.   *degree*
Ha una laurea in linguistica.
He holds a degree in linguistics.

laurearsi   *to graduate from a university*
Mi sono laureato in linguistica.
I graduated with a degree in linguistics.

lavagna f.   *blackboard*
Puoi scrivere il tuo nome alla lavagna?
Can you write your name on the blackboard?

lavandino m.   *bathroom sink*
Il lavandino perde.
The sink is leaking.

lavare   *to wash*
Lavo la macchina ogni settimana.
I wash the car every week.

lavarsi i denti   *to brush one's teeth*
Mi lavo i denti dopo colazione.
I brush my teeth after breakfast.

lavarsi   *to wash oneself*
Lavati le mani prima di mangiare!
Wash your hands before eating!

lavastoviglie f.   *dishwasher*
La lavastoviglie è rotta.
The dishwasher is broken.

lavatrice f.   *washing machine*
La mia lavatrice è molto silenziosa.
My washing machine is very quiet.

lavorare   *to work*
Lavora tutto il giorno.
She works all day.

lavoro m.   *job*
Con questa crisi è difficile trovare un lavoro.
With this crisis it is difficult to find a job.

leale   *loyal, sincere*
Ho amici molto leali.
I have very loyal friends.

leccare   *to lick*
Il cane mi ha leccato la faccia.
The dog licked my face.

legge f.   *law*
La legge dovrebbe essere uguale per tutti.
The law should be the same for all.

leggendario/-a   *legendary*
È un attore leggendario.
He's a legendary actor.

leggere   *to read*
Leggo sempre prima di andare a dormire.
I always read before going to bed.

leggermente   *lightly, slightly*
Il quadro è leggermente storto.
The picture is slightly crooked.

leggero/-a   *light (weight)*
La tua valigia è leggera.
Your suitcase is light.

legna f.   *firewood*
Vado a fare legna nel bosco.
I gather firewood in the forest.

legno m.   *wood*
È un legno molto solido.
It's a very solid wood.

legume m.   *legume*
Dovrei mangiare più legumi.
I should eat more legumes.

lentamente   *slowly*
Può parlare lentamente? Non capisco.
Can you speak slowly? I don't understand.

lente f.   *lens*
Ho rotto le lenti degli occhiali.
I broke [the lenses of] my glasses.

lenti a contatto f. pl.   *contact lenses*
Di giorno mi metto le lenti a contatto, e di sera porto gli occhiali.
In the daytime I use contact lenses, and at night I wear glasses.

lento/-a   *slow*
L'autobus è molto lento.
The bus is very slow.

lenzuolo m. (pl. f.-a)   *sheet*
Che belle lenzuola!
What beautiful sheets!

lesbica f.   *lesbian*
Ho molte amiche lesbiche.
I have many lesbian friends.

lesso/-a   *boiled*
Non mi piacciono le carote lesse.
I don't like boiled carrots.

lettera f.   *letter*
Ho ricevuto la tua lettera la settimana scorsa.
I received your letter last week.

letterario/-a   *literary*
È un premio letterario molto importante.
It's a very important literary prize.

letteratura f.   *literature*
Mi piace la letteratura francese.
I like French literature.

letto m.   *bed*
Letto singolo o doppio?
Single bed or double bed?

levare   *to remove*
Non so come levare questa macchia.
I don't know how to remove this stain.

lezione f.   *lesson*
Ero in ritardo per la lezione.
I was late for the lesson.

lì   *there*
Sarò lì fra un'ora.
I'll be there in an hour.

libero/-a   *free*
È libero questo posto?
Is this seat free?

licenziare   *to fire*
La fabbrica ha licenziato molti operai.
The factory has fired many workers.

liceo m.   *high school*
Ho frequentato il liceo a Sassari.
I attended high school in Sassari.

lieto/-a   *glad, pleased*
Lieto di conoscerLa.
Pleased to meet you.

lieve   *light*
Soffiava una lieve brezza.
A light breeze was blowing.

lima (per le unghie) f.   *(nail) file*
Mia sorella usa sempre la lima per unghie.
My sister always uses a nail file.

limitare   *to limit*
Devi limitare il numero di invitati.
You must limit the number of guests.

limite m.   *limit*
Bisogna rispettare i limiti di velocità.
One has to obey speed limits.

linea f.   *line*
Non riesco a chiamarti; la linea è disturbata.
I can't call you; there's static on the line.

lingua f.   *tongue, language*
Quante lingue parli?
How many languages do you speak?

lino m.   *linen*
Le camicie di lino si stropicciano facilmente.
Linen shirts crease easily.

liquidazione f.   *clearance sale*
Il mio negozio preferito fa una liquidazione.
My favorite store is having a clearance sale.

liquido m.   *liquid*
Attenzione, è un liquido infiammabile.
Be careful, it's a flammable liquid.

liquore m.   *liquor*
È un liquore alle erbe.
It's an herbal liquor.

lirica f.   *opera*
Mi piace la lirica.
I like opera.

liscio/-a   *smooth, straight*
Vorrei avere i capelli lisci.
I would like to have straight hair.

lista f.   *list*
Faccio sempre una lista della spesa.
I always make a shopping list.

litigare   *to argue*
È normale litigare tra amici.
It's normal to argue among friends.

litigio m.   *dispute*
Hanno avuto un violento litigio.
They had a violent dispute.

livello m.   *level*
Il balcone è al livello della strada.
The balcony is on the street level.

locale m.   *place*
È un bel locale alla moda.
It's a lovely fashionable place.

località f.   *place, resort*
È una famosa località di mare.
It's a famous seaside resort.

lontano/-a   *far away*
Vive lontano da qui.
He lives far away from here.

lotta f.   *fight*
Il governo è impegnato nella lotta contro l'inflazione.
The government is committed to the fight against inflation.

lottare   *to fight*
Bisogna lottare per i diritti.
One has to fight for one's rights.

lozione f.   *lotion*
Questa lozione idratante è molto cara.
This moisturizing lotion is very expensive.

luce f.   *light*
Accendi la luce per favore.
Turn on the light, please.

lui m.   *he*
Lui era già arrivato.
He had already arrived.

luminoso/-a   *bright*
La stanza è troppo luminosa.
The room is too bright.

luna f.   *moon*
È una notte di luna piena.
It's a full moon.

luna di miele f.   *honeymoon*
Ho passato la luna di miele ai Caraibi.
I spent my honeymoon in the Caribbean.

lunghezza f.   *length*
Qual è la lunghezza della stanza?
What is the length of the room?

lungo/-a   *long*
Il suo discorso era troppo lungo.
His speech was too long.

luogo m.　　*place*
Passo molto tempo in luoghi aperti.
I spend a lot of time in open places.

lusso m.　　*luxury*
Amo vivere nel lusso.
I love living in luxury.

M

ma　　*but*
Vorrei fare una torta ma non ho farina.
I would like to make a cake but I don't have flour.

macchina f.　　*car*
La macchina si è rotta.
The car broke down.

macchina fotografica f.　　*camera*
Ho scattato delle foto con la macchina fotografica digitale ed
　　adesso voglio scaricarle nel computer.
I took some pictures with my digital camera and now I want to upload
　　them to the computer.

maestro/-a　　*primary school teacher*
Mia sorella è una maestra.
My sister is a primary school teacher.

magia f.　　*magic*
Non credo alla magia.
I don't believe in magic.

magico/-a　　*magic(al)*
Vorrei avere una bacchetta magica per risolvere i problemi.
I would like to have a magic wand to solve problems.

magnifico/-a　　*magnificent*
Dalla finestra vedo un paesaggio magnifico.
I see a magnificent landscape from the window.

mago/-a　　*magician*
Quando ero bambino volevo essere un mago.
When I was a child I wanted to be a magician.

magro/-a　　*thin, slender*
Dovresti mangiare di più; sei troppo magra.
You should eat more; you're too thin.

mai   *never*
Non sono mai stata in Africa.
I've never been to Africa.

malato/-a   *sick*
Ero malato; non sono potuto venire a scuola.
I was sick; I couldn't come to school.

malattia f.   *disease*
Soffre di una malattia rara.
He suffers from a rare disease.

maldestro/-a   *clumsy*
Sono una persona maldestra; inciampo sempre.
I'm a clumsy person; I always stumble.

male   *bad, sick, badly*
Mi sento male.
I feel sick.

maledetto/-a   *damned, blasted, cursed*
Non ne posso più di questo computer maledetto.
I've had it with this blasted computer.

malgrado   *in spite of, despite*
Malgrado tutte le mie difficoltà, sono riuscito a laurearmi.
In spite of all my problems, I managed to graduate [from college].

malinteso m.   *misunderstanding*
Guarda, ci deve essere un malinteso.
Look, there must be a misunderstanding.

malizia f.   *malice*
Non dico queste cose con malizia.
I don't say these things out of malice.

malizioso/-a   *naughty, sly*
Mi diede uno sguardo malizioso.
He gave me a sly look.

malore m.   *sudden illness*
La scorsa estate mio cugino ha avuto un malore improvviso.
Last summer my cousin had a sudden illness.

mancare   *to miss*
Mi manchi molto.
I miss you very much.

mancia f.   *tip*
Hai lasciato la mancia al cameriere?
Did you leave a tip for the waiter?

mandare   *to send*
Ti ho mandato una e-mail.
I sent you an e-mail.

maneggiare   *to handle*
È un vaso delicato; maneggialo con cura.
It's a delicate vase; handle it with care.

mangiare   *to eat*
Mangiamo verso l'una.
We're going to eat around one.

maniera f.   *way, manner*
Qual è la maniera migliore per arrivare al Colosseo?
What is the best way to get to the Coliseum?

manifestazione f.   *demonstration*
C'è stata una manifestazione studentesca.
There was a student demonstration.

mansueto/-a   *docile, mild*
Il mio cane è mansueto.
My dog is docile.

mantenere   *to keep, to maintain*
È importante mantenere vive le tradizioni.
It's important to keep traditions alive.

mappa f.   *map*
Ha una mappa della città?
Do you have a map of the city?

marca f.   *brand, marking*
Mi piace molto questa marca di abiti.
I really like this clothes brand.

mare m.   *sea*
Vivo vicino al mare.
I live near the sea.

marea (alta, bassa) f.   *(high, low) tide*
C'è la bassa marea in spiaggia.
There's low tide at the beach.

marinaio m.   *sailor*
La vita da marinaio è molto dura.
The life of a sailor is very hard.

marito m.   *husband*
Suo marito è un avvocato.
Her husband is a lawyer.

marmo m.   *marble*
La Pietà di Michelangelo è una scultura in marmo bianco di
     Carrara.
Michelangelo's sculpture, the Pietà, is made of white marble from Carrara.

martello m.   *hammer*
Non trovo il martello che ho lasciato in garage.
I can't find the hammer I left in the garage.

maschera f.   *mask*
Al Carnevale di Venezia le maschere più belle vengono premiate.
The most beautiful masks at the Venice Carnival win a prize.

maschio m.   *male, boy*
Hanno avuto un altro maschio.
They had another boy.

massaggio m.   *massage*
Ho un terribile mal di schiena; ho bisogno di un massaggio.
I have a terrible back ache; I need a massage.

masticare   *to chew*
Dovresti masticare bene il cibo prima di ingoiarlo.
You should chew your food well before you swallow it.

materasso m.   *mattress*
Il mio materasso è troppo morbido.
My mattress is too soft.

matita f.   *pencil*
È meglio scrivere gli esercizi con la matita.
It's better to write out the exercises in pencil.

matrimonio m.   *marriage, wedding*
Spesso i matrimoni non durano a lungo.
Often marriages don't last long.

maturo/-a   *ripe*
La frutta è matura.
The fruit is ripe.

melodia f.   *tune*
Questa canzone ha una melodia molto orecchiabile.
This song has a very catchy tune.

memoria f.   *memory*
Si dice che gli elefanti abbiano una memoria di ferro.
People say elephants have an excellent memory.

meno (di)   *less (than)*
Per il suo regalo ho speso meno di 100 dollari.
I spent less than 100 dollars for her present.

mensile   *monthly*
Vuoi calcolare la tua rata mensile?
Would you like to calculate your monthly installment payment?

mente f.   *mind*
La mente umana è molto complessa.
The human mind is very complex.

mentire   *to lie, to deceive*
Non posso credere che tu mi abbia mentito!
I can't believe you lied to me!

mentre   *while*
Mentre io cucinavo Mario guardava la TV.
While I was cooking Mario was watching TV.

menù m.   *menu*
Il ristorante ha un menù molto elaborato.
The restaurant has a very elaborate menu.

meraviglia f.   *wonder, surprise*
Carla era sopraffatta dalla meraviglia.
Carla was overwhelmed by surprise.

mercanzia f.   *merchandise*
Il magazzino è pieno di mercanzia.
The warehouse is full of merchandise.

mercato m.   *market*
C'è un mercato settimanale nel mio quartiere.
There's a weekly market in my neighborhood.

mescolare   *to mix*
Mescolate la farina con il burro.
Mix the flour with the butter.

mese m.   *month*
I mesi dell'anno sono dodici.
There are twelve months in a year.

messa f.   *(holy) mass*
Mia zia va alla messa ogni mattina.
My aunt goes to mass every morning.

messaggio (di testo) m.   *text message*
Per favore, quando arrivi mandami un messaggio.
Please, when you arrive send me a text.

metà f.   *half*
La metà di dieci è cinque.
Half of ten is five.

metallo m.   *metal*
Sembra legno ma è metallo.
It looks like wood but it's metal.

metodo m.   *method*
Non mi piace questo metodo di insegnamento.
I don't like this teaching method.

metro m.   *meter*
Un metro equivale più o meno a tre piedi.
A meter is more or less equal to three feet.

metrò, metropolitana f.   *subway, metro*
Sai dov'è l'entrata della metrò?
Do you know where the entrance to the subway is?

mettere   *to put*
Mettilo in giardino, per favore.
Put it in the garden, please.

mettersi   *to put on*
Mi metto il cappotto; fa freddo.
I'll put on my coat; it's cold.

mezzi (di comunicazione) m. pl.   *media*
I mezzi di comunicazione hanno un grande potere sulla società.
The media have great power over society.

mezzo/-a   *half*
Muoio di fame perché ho solo mangiato mezzo panino tutto il
  giorno.
I'm starving because all I've eaten all day is half a sandwich.

microonde m.   *microwave*
Ho un microonde ma lo uso poco.
I have a microwave but I don't use it much.

miglio/miglia m./pl. f   *mile/miles*
A quanti km equivalgono 10 miglia?
How many kilometers equal 10 miles?

migliorare   *to improve*
Vorrei migliorare il mio italiano.
I would like to improve my Italian.

migliore   *better*
È emigrato per cercare un lavoro migliore.
He emigrated to find a better job.

minore   *younger, smaller*
Ho una sorella minore.
I have a younger sister.

minorenne m. & f.   *minor*
I minorenni che vogliono farsi la lampada abbronzante devono
    avere il permesso dei genitori.
Minors who want to use tanning beds need their parents' permission.

minuto m.   *minute*
Sono in ritardo di dieci minuti!
I'm 10 minutes late!

mio/-a   *my*
È il mio migliore amico.
He's my best friend.

miracolo m.   *miracle*
È un miracolo che sia ancora vivo.
It's a miracle he's still alive.

mistero m.   *mystery*
È un mistero come abbia passato il suo esame.
It's a mystery how he passed his exam.

misto/-a   *mixed*
Un'insalata mista, per favore.
A mixed salad, please.

misura f.   *size*
La misura di queste scarpe è italiana o americana?
Is this shoe size European or American?

misurare   *to measure*
Puoi misurare la dimensione di questa stanza per me?
Can you measure the size of this room for me?

mobili m. pl.   *furniture*
La casa è arredata con mobili antichi.
The house is furnished with antique furniture.

moda f.   *fashion*
La moda italiana è famosa in tutto il mondo.
Italian fashion is famous throughout the world.

moderato/-a   *moderate*
Mantieni una velocità moderata.
Drive at a moderate speed.

moderno/-a   *modern*
Sono appassionata di arte moderna.
I'm very fond of modern art.

modico   *affordable*
I prezzi delle case qui sono modici.
House prices here are affordable.

moglie f.   *wife*
Mia moglie ama viaggiare.
My wife likes to travel.

molo m.   *dock*
Il traghetto si è scontrato contro il molo.
The ferry crashed against the dock.

molto   *much, many*
Sono stato a Roma molte volte.
I've been to Rome many times.

molto   *very*
Claudio è molto socievole.
Claudio is very sociable.

momento m.   *moment*
Puoi aspettare un momento?
Can you wait a moment?

monastero m.   *monastery*
In Italia ho visitato un bellissimo monastero medioevale.
I visited a beautiful medieval monastery in Italy.

mondo m.   *world*
Vorrei viaggiare intorno al mondo.
I would like to travel around the world.

montagna f.   *mountain*
È la montagna più alta in questa regione.
It's the highest mountain in this region.

monumento m.   *monument*
Qual è il monumento più famoso di Pisa?
What is the most famous monument in Pisa?

moralità f.   *morality*
Non ha nessuna moralità.
He has no sense of morals.

mordere   *to bite*
Il tuo cane morde?
Does your dog bite?

morire   *to die*
Mio nonno è morto l'anno scorso.
My granddad died last year.

moro/-a   *dark haired*
Il ladro aveva i capelli mori e ricci.
The thief had dark, curly hair.

morte f.   *death*
Dopo la morte di sua madre è caduta in depressione.
After her mother's death, she fell into a depression.

morto/-a   *dead*
Il 2 novembre in Italia si celebra il giorno dei morti.
On November second, in Italy, people celebrate All Soul's Day.

mostra f.   *exhibition*
La mostra su Picasso è stata molto apprezzata.
The Picasso exhibition was highly appreciated.

mostrare   *to show*
Mostrami il tuo amore.
Show me your love.

moto(cicletta) f.   *motorbike*
In estate viaggio solo in moto.
In summer I only travel by motorbike.

mozzafiato   *breathtaking*
È un paesaggio mozzafiato.
It's a breathtaking landscape.

mucchio m.   *heap, pile, tons*
C'è un mucchio di gente.
There are tons of people.

multa f.   *ticket, fine*
Ho ricevuto una multa per divieto di sosta.
I got a fine for parking in a no-parking zone.

municipio m.   *town hall*
Si è sposato in municipio.
He got married at the town hall.

muoversi   *to move*
Mio nonno si muove con difficoltà.
My grandfather moves with difficulty.

muro m. (f. pl.-a)   *(exterior) wall*
L'appartamento si trova all'interno delle mura del centro storico
   di San Gimignano.
*The apartment is located within the walls of San Gimignano's historic
   center.*

museo m.   *museum*
Il museo di arte moderna si trova in centro.
The modern art museum is downtown.

musica f.   *music*
Studio storia della musica.
I study music history.

mutande f. pl.   *briefs, panties*
Questo negozio vende solo mutande da uomo.
This store only sells men's briefs.

muto/-a   *mute*
È muto dalla nascita.
He's been mute since birth.

N

nanna (fam.) f.   *sleepy-bye*
È tempo di andare a nanna.
It's time to go sleepy-bye.

nano/-a   *dwarf*
Ti ricordi i nomi dei sette nani?
Do you remember the names of the seven dwarfs?

narcotico m.   *narcotic*
È un narcotico molto potente.
It's a very powerful narcotic.

narcotizzare   *to drug*
Il paziente è stato narcotizzato.
The patient was drugged.

narcotraffico m.   *drug dealing*
Il narcotraffico è un grave crimine.
Drug dealing is a serious crime.

narrativa f.   *fiction*
Preferisco la narrativa alla poesia.
I prefer fiction to poetry.

narratore/-trice m./f.   *narrator, storyteller*
È un grande narratore di storie.
He's a great storyteller.

nascere   *to be born*
È nato nel 1979.
He was born in 1979.

nascita f.   *birth*
Qual è la tua data di nascita?
What's your birth date?

nascondere   *to hide*
Non nasconderti; ti ho visto.
Don't hide; I saw you.

nascondino m.   *hide-and-seek*
Gioco sempre a nascondino con i miei figli.
I always play hide-and-seek with my children.

nastro m.   *ribbon*
Indossa un nastro rosa nei capelli.
She wears a pink ribbon in her hair.

Natale m.   *Christmas*
Con chi passerai il Natale?
With whom will you spend Christmas?

natalità f.   *birth rate*
L'Italia ha un tasso di natalità molto basso.
Italy has a very low birth rate.

naturale   *natural*
Credo nei rimedi naturali.
I believe in natural remedies.

naturalizzare   *to naturalize*
È un cittadino americano naturalizzato.
He's a naturalized American citizen.

naufragare   *to be wrecked, to sink*
La nave naufragò nella tempesta.
The ship sank in the storm.

nave f.   *ship*
Sei mai stato su una nave da crociera?
Have you ever been on a cruise ship?

navigare   *to navigate, to surf the Internet*
Navighi in Internet?
Do you surf the Internet?

navigazione f.   *navigation*
La nostra auto nuova ha un sistema di navigazione satellitare.
Our new car has an onboard satellite navigation system.

nazionale   *national*
L'anno scorso ha vinto il campionato nazionale di tennis.
Last year he won the tennis national championship.

nazionalismo m.   *nationalism*
Il nazionalismo è stato spesso causa di guerra.
Nationalism has often been a cause for wars.

nazionalità f.   *nationality*
Di quale nazionalità sei?
What's your nationality?

né   *neither, nor*
Giulia non vuole né studiare né lavorare.
Giulia wants neither to study nor to work.

neanche   *neither, nor, either*
Neanche a me piace il minestrone.
I don't like minestrone either.

nebbia f.   *fog*
La nebbia è pericolosa quando si guida.
Fog is dangerous when driving.

nebulizzatore   *nebulizer, atomizer*
Quando sono al mare uso un nebulizzatore per rinfrescarmi.
When I'm at the sea I use a nebulizer to cool down.

necessario/-a   *necessary*
Non è necessario chiamarlo.
It's not necessary to call him.

necessità f.   *need*
Non c'e nessuna necessità che tu venga.
There is no need for you to come.

necrologio m.   *obituary*
Ho visto il suo necrologio sul giornale.
I saw her obituary in the newspaper.

negare   *to deny*
Nega la verità.
He denies the truth.

negativo/-a   *negative*
Il risultato è negativo.
The result is negative.

negoziare   *to negotiate*
I ribelli hanno negoziato la pace.
The rebels negotiated the peace.

negozio m.   *store*
Lavoro in un negozio di scarpe.
I work in a shoe store.

nemico/-a   *enemy*
Ha molti nemici.
He has many enemies.

neonato/-a   *newborn*
Ero un neonato paffuto.
I was a chubby newborn.

nervoso/-a   *nervous, irritable*
Ha avuto una giornata difficile; è molto nervoso.
He had a tough day; he's very irritable.

nessuno/-a   *nobody*
Il ristorante era vuoto, non c'era nessuno.
The restaurant was empty, nobody was there.

neve f.   *snow*
Non aveva mai visto la neve prima.
She had never seen snow before.

nevicare   *to snow*
Qui non nevica mai.
Here it never snows.

nicchia f.   *niche*
C'era una nicchia nel muro dove metteva i libri.
There was a niche in the wall where he put books.

nido m.   *nest*
C'è un nido di uccelli nella grondaia.
There's a bird's nest in the gutter.

niente   *nothing*
Non c'è niente nel frigo.
There's nothing in the fridge.

nitido   *clear, sharp*
La mia macchina fotografica fa foto molto nitide.
My camera takes very sharp pictures.

no   *no*
No, non puoi andare da sola.
No, you can't go on your own.

nobile m. & f.   *nobleman, noblewoman*
Sapevi che Ludovica è nobile?
Did you know that Ludovica is a noblewoman?

nocivo/-a   *harmful, noxious*
Molti prodotti chimici sono nocivi per la salute.
Many chemical products are harmful to one's health.

nodo m.   *knot*
Non riesco a disfare questo nodo.
I can't untie this knot.

nodoso/-a   *gnarled*
È un ramo nodoso.
It's a gnarled branch.

noia f.   *boredom*
Sbadiglio per la noia.
I'm yawning out of boredom.

noioso/-a   *boring*
È un professore noioso.
He's a boring professor.

noleggiare   *to rent*
Durante la nostra vacanza abbiamo noleggiato una macchina.
During our vacation we rented a car.

nome m.   *name*
Ha un nome poco comune.
She has an uncommon name.

nord m.   *north*
Ho visitato il nord Europa diverse volte.
I've visited northern Europe several times.

normale   *normal*
Sono ritornato alla mia vita normale.
I've returned to my normal life.

nostalgia f.   *nostalgia, homesickness*
Ho nostalgia della mia famiglia.
I feel homesick.

nota f.   *note*
Prendi nota del mio numero.
Make a note of my number.

notizia f.   *news*
Non ricevo sue notizie da tempo.
I haven't had news from him in a long time.

noto/-a   *well-known*
È uno scrittore noto.
He's a well-known writer.

nottata f.   *night, period of a night*
Ho fatto nottata.
I stayed up all night.

notte f.   *night*
La notte scorsa non sono riuscito a dormire.
Last night I couldn't sleep.

nozze f. pl.   *wedding*
Ieri si sono celebrate le nozze di mia cugina.
Yesterday was my cousin's wedding.

nubile   *single (female)*
Mia zia non è sposata; è nubile.
My aunt is not married; she's single.

nucleare   *nuclear*
In Italia non ci sono centrali nucleari.
In Italy there are no nuclear plants.

nudo/-a   *naked*
Preferisco la nuda verità.
I prefer the naked truth.

numero m.   *number*
Mi dai il tuo numero di telefono?
Can I have your phone number?

numeroso/-a   *numerous, many*
Numerose persone presero parte alla conferenza.
Many people took part in the conference.

nuocere   *to harm*
Il fumo nuoce alla salute.
Smoke is bad for your health.

nuotare   *to swim*
Sai nuotare?
Do you know how to swim?

nuovo/-a   *new*
Indosso le scarpe nuove.
I'm wearing my new shoes.

nutriente   *nutritious*
È un cibo molto nutriente.
It's a highly nutritious food.

nuvola f.   *cloud*
Non c'è una nuvola in cielo.
There's not a cloud in the sky.

nuvoloso/-a   *cloudy*
Che giornata nuvolosa!
What a cloudy day!

O

o   *or*
Vuoi il te o il caffé?
Would you like tea or coffee?

obbedire   *to obey*
Il mio cane non obbedisce mai.
My dog never obeys.

obbligare   *to oblige*
Non ti obbligo a venire se non vuoi.
I won't force you to come if you don't want to.

obbligatorio/-a   *obligatory, compulsory*
L'istruzione elementare è obbligatoria.
Elementary education is compulsory.

obbligo m.   *obligation*
Non c'è nessun obbligo da parte vostra.
There's no obligation on your part.

obeso/-a   *obese*
Sempre più persone sono obese.
More and more people are obese.

obiettivo   *objective*
Devi essere più obiettivo.
You need to be more objective.

obitorio m.   *morgue*
I cadaveri vengono portati in obitorio.
Corpses are taken to the morgue.

obliquo/-a   *oblique*
Disegna delle linee oblique.
Draw some oblique lines.

oblò m.   *porthole, window (in a plane)*
Posso sedermi accanto all'oblò?
Can I sit next to the window?

occasionale   *occasional*
Fa delle apparizioni occasionali in televisione.
He makes occasional appearances on TV.

occasione f.   *occasion, opportunity*
Ha comprato un nuovo vestito per l'occasione.
She bought a new dress for the occasion.

occhiaia f.   *shadows, rings*
Mi sono svegliato con le occhiaie.
I woke up with dark rings under my eyes.

occhiali m. pl.   *glasses*
Indosso gli occhiali perché sono miope.
I wear glasses because I'm near-sighted.

occhiata f.   *look, glance*
Mi ha dato un'occhiata di rimprovero.
She gave me a look of reproach.

occhiolino m.   *wink*
Perchè mi hai fatto l'occhiolino?
Why did you wink at me?

occidentale   *western*
Vivo nella costa occidentale degli Stati Uniti.
I live on the West Coast of the United States.

occlusione f.   *obstruction*
Il mio amico è stato portato all'ospedale per una occlusione
    intestinale.
My friend was taken to the hospital for an intestinal obstruction.

occulto/-a   *occult, mystic*
Il personaggio del film possiede poteri occulti.
The character in the movie has mystic powers.

occupare   *to occupy*
Gli operai hanno occupato la fabbrica.
The workers occupied the factory.

occupato/-a   *busy*
Non riesco a chiamarti; la linea è occupata.
I can't call you; the line is busy.

oceano m.   *ocean*
L'Oceano Atlantico è freddo.
The Atlantic Ocean is cold.

odiare   *to hate*
Odio la matematica!
I hate math!

odierno/-a *today's, of today*
Le notizie odierne sono riassicuranti.
Today's news is reassuring.

odioso/-a *odious, hateful*
La sua avarizia lo rende odioso.
His greed makes him hateful.

odore m. *smell*
Che buon odore!
What a nice smell!

offendere *to offend*
Non avresti dovuto offenderlo in questa maniera.
You shouldn't have offended him in this way.

offerta f. *offer, donation*
Ho ricevuto una offerta di lavoro vantaggiosa.
I received a favorable job offer.

offrire *to offer*
Posso offrirti un caffè?
Can I offer you a coffee?

oggetto m. *object*
È un oggetto di valore.
It's an object of value.

olfatto m. *sense of smell*
I cani hanno un olfatto sviluppato.
Dogs have a highly developed sense of smell.

olio m. *oil*
Quando cucino uso sempre l'olio d'oliva.
I always use olive oil when I cook.

ombretto m. *eye shadow*
Ho scelto un ombretto grigio.
I've chosen a gray eye shadow.

onda f. *wave*
È rilassante ascoltare il rumore delle onde.
It's relaxing to listen to the sound of waves.

ondulato/-a *wavy*
Odio i miei capelli ondulati.
I hate my wavy hair.

onesto/-a   *honest*
È una persona onesta.
He is an honest person.

onore m.   *honor*
Carla sarà la mia damigella d'onore.
Carla will be my maid of honor.

opera f.   *work, book, opera*
La sua ultima opera ha avuto molto successo.
Her last work was very successful.

opinione f.   *opinion*
Ha sempre un'opinione su tutto.
She always has an opinion about everything.

opportunità f.   *opportunity*
Tutti dovrebbero avere l'opportunità di viaggiare.
Everybody should have the opportunity to travel.

opposizione f.   *opposition*
Ho incontrato una forte opposizione.
I met with strong opposition.

oppure   *otherwise, or else*
Oppure potete venire voi a mangiare da noi.
Otherwise you can come over to eat at our house.

ora f.   *hour, time*
A che ora parti?
What time do you leave?

orario m.   *schedule*
Qual è il tuo orario di lavoro?
What's your work schedule?

orbita f.   *orbit*
Il satellite è stato lanciato in orbita.
The satellite was sent into orbit.

orchestra f.   *orchestra*
Suona il violino in un'orchestra.
She plays the violin in an orchestra.

ordinare   *to order*
Siete pronti ad ordinare?
Are you ready to order?

ordinato/-a   *tidy, neat*
Non sono una persona ordinata.
I'm not a neat person.

ordine m.   *order*
I libri sono raggruppati in ordine alfabetico.
Books are arranged in alphabetical order.

orecchino m.   *earring*
Ho comprato un paio di orecchini alla mia ragazza.
I bought a pair of earrings for my girlfriend.

organizzare   *to organize*
Gli studenti hanno organizzato una grande manifestazione.
The students organized a big demonstration.

orgasmo m.   *orgasm*
L'orgasmo è una sensazione molto forte.
An orgasm is a very strong sensation.

orgoglio m.   *pride*
Mio fratello è l'orgoglio della famiglia.
My brother is the pride of the family.

orgoglioso/-a   *proud*
Sono orgoglioso di te.
I'm proud of you.

originale   *original*
Che regalo originale!
What an original present!

origliare   *to eavesdrop*
Non sta bene origliare.
It's not right to eavesdrop.

ormai   *(by) now*
Ormai è tardi; guarderemo il film domani.
It's late now; we'll watch the movie tomorrow.

oro m.   *gold*
L'oro è un metallo prezioso.
Gold is a precious metal.

orologio m.   *watch*
Che ore sono? - Non lo so; non ho l'orologio.
What time is it? - I don't know; I don't have a watch.

orribile   *horrible*
È stata un'esperienza orribile.
It was a horrible experience.

orto m.   *vegetable garden*
Coltivo le verdure nel mio orto.
I grow vegetables in my garden.

osare   *to dare*
Come hai osato farmi questo?
How dare you do this to me?

oscillare   *to sway, to swing*
Oscillavano tutti i palazzi durante il terremoto.
All the buildings were swaying during the earthquake.

oscuro/-a   *dark, obscure*
Il significato di questa frase è oscuro.
The meaning of this sentence is obscure.

ospedale m.   *hospital*
Dov'è l'ospedale più vicino?
Where's the closest hospital?

ospitare   *to host, to give hospitality*
Puoi ospitarmi questo weekend?
Can you host me this weekend?

ospite m. & f.   *guest*
È una persona socievole; ha sempre tanti ospiti.
He's a sociable person; he always has many guests.

ospizio m.   *old people's home*
Faccio del volontariato in un ospizio.
I do volunteer work in an old people's home.

osservare   *to observe*
Mi osservò a lungo prima di parlare.
He observed me for a long time before speaking.

ossigeno m.   *oxygen*
L' ossigeno è un elemento vitale.
Oxygen is a vital element.

ostacolo m.   *obstacle*
Nella vita ci sono molti ostacoli.
In life there are many obstacles.

ostello m.　　*hostel*
Preferisco alloggiare in ostello.
I prefer to stay in a hostel.

ostentato/-a　　*ostentatious*
Fa un uso ostentato di parole straniere.
He uses foreign words ostentatiously.

osteria f.　　*tavern*
Un'osteria è un ristorante economico.
A tavern is a cheap restaurant.

ostetrico/-a m./f.　　*obstetrician, midwife*
Il ruolo dell'ostetrica è importante durante il parto.
The role of the midwife during childbirth is important.

ostile　　*hostile*
È un clima ostile per gli esseri umani.
It's a hostile climate for human beings.

ottenere　　*to get, to obtain*
È molto intelligente e ottiene sempre ottimi risultati.
She's very smart and always gets good results.

ottimista　　*optimist, optimistic*
Mi piacciono le persone ottimiste.
I like optimistic people.

ottimo/-a　　*very good, excellent*
Conosco un'ottima pizzeria.
I know an excellent pizzeria.

ottone m.　　*brass*
Il mio letto è di ottone.
My bed frame is made of brass.

ottuso/-a　　*dull, slow*
Ha una mente ottusa.
He's slow-witted.

ovest m.　　*west*
La California è all'ovest di New York.
California is west of New York.

ovvio　　*obvious*
Mi sembrava ovvio che stesse male.
It seemed obvious to me that he wasn't well.

P

pacco m.   *package, parcel*
Mia madre mi ha inviato un pacco per Natale.
My mother sent me a package for Christmas.

pace f.   *peace*
Ogni anno ci auguriamo la pace nel mondo.
Every year we wish for peace on earth.

padella f.   *pan, skillet*
Versa il sugo nella padella.
Pour the sauce into the pan.

paesaggio m.   *landscape*
Il paesaggio toscano è uno dei miei preferiti.
The Tuscan landscape is one of my favorites.

paese m.   *country*
Il mio paese è l'Italia.
Italy is my country.

pagamento m.   *payment*
Sono in ritardo con i pagamenti.
I'm late with the payments.

pagare   *to pay*
Posso pagare con la carta di credito?
Can I pay with a credit card?

pagina f.   *page*
L'esercizio è a pagina 10.
The exercise is on page 10.

pala f.   *shovel*
Ho bisogno di una pala per scavare una fossa.
I need a shovel to dig a ditch.

palazzo m.   *palace*
A Madrid ho visitato il Palazzo Reale.
I visited the Royal Palace in Madrid.

palla f.   *ball*
Tira la palla nel canestro.
Throw the ball into the basket.

pallido/-a   *pale*
Stai male? Sei così pallido.
Are you sick? You look so pale.

palloncino m.   *balloon*
Mamma, mi compri un palloncino rosso?
Mom, will you buy me a red balloon?

pannolino m.   *diaper*
Cambia il pannolino al bambino, per favore.
Change the baby's diaper, please.

parabrezza m.   *windshield*
Il parabrezza è appannato.
The windshield is foggy.

paradiso m.   *paradise, heaven*
Quel posto è un paradiso terrestre.
That place is heaven on earth.

paragrafo m.   *paragraph*
Dovresti scrivere paragrafi più corti.
You should write shorter paragraphs.

parcheggiare   *to park*
Posso parcheggiare la moto davanti a casa tua?
Can I park the motorcycle in front of your house?

parcheggio m.   *parking space, garage*
C'è un parcheggio qui vicino?
Is there a parking garage close by?

parchimetro m.   *parking meter*
Sta per scadere il parchimetro!
The parking meter is about to run out!

parco m.   *park*
Da bambino andavo sempre al parco con mia madre.
When I was a child I always went to the park with my mother.

parete f.   *(interior) wall*
Stiamo tinteggiando le pareti.
We are painting the walls.

parola f.   *word*
È una parola di origine francese.
It's a word of French origin.

parola chiave f.   *keyword*
Scegli le parole chiave adatte al tuo sito.
Choose the keywords that are best suited to your website.

parrucca f. *wig*
Mia zia porta la parrucca.
My aunt wears a wig.

parte f. *part*
Mi è piaciuta la prima parte del film ma non la seconda.
I liked the first part of the movie but not the second.

partenza f. *departure*
Devo confermare l'orario della partenza.
I have to confirm the departure time.

particolare *particular, special*
Questi fiori hanno bisogno di una cura particolare.
These flowers need special care.

partire *to leave*
A che ora partite domani?
What time do you leave tomorrow?

partita f. *match, game*
Vuoi giocare una partita a tennis?
Do you want to play a game of tennis?

partorire *to give birth to (a child)*
Mia cugina ha partorito ieri.
My cousin gave birth yesterday.

Pasqua f. *Easter*
Il giorno dopo Pasqua si festeggia la Pasquetta.
The day after Easter we celebrate Pasquetta.

passaporto m. *passport*
Il mio passaporto scade; devo rinnovarlo.
My passport is expiring; I need to renew it.

passare *to pass, to hand*
Passami quel bicchiere, per favore.
Pass me that glass, please.

passare *to go by*
L'ho vista passare davanti al bar.
I saw her go by the café.

passare *to pass (time), to elapse, to go by*
Sono già passati dieci giorni.
Ten days have already gone by.

passeggero/-a m./f.   *passenger*
I passeggeri hanno protestato per il ritardo.
The passengers complained about the delay.

passeggiare   *to take a walk*
Mio nonno dopo pranzo fa sempre una passeggiata.
After lunch my granddad always takes a walk.

passeggiata f.   *walk, stroll, hike*
Hai voglia di fare una passeggiata?
Do you feel like taking a walk?

passeggino m.   *stroller*
Metti il bambino nel passeggino e facciamo una passeggiata.
Put the child in the stroller and let's go for a walk.

pasto m.   *meal*
Non fa bene mangiare tra un pasto e l'altro.
It's not good to eat between meals.

pasticcio m.   *mess*
Il tuo compito è un pasticcio.
Your homework is a mess.

pasticcione/-a   *messy*
Sei un pasticcione!
You are so messy!

patente f.   *license*
A quanti anni si può prendere la patente di guida in Italia?
How old do you have to be to get a driver's license in Italy?

paura f.   *fear*
Ho paura del buio.
I am afraid of the dark.

pavimento f.   *floor (in a room)*
La cucina ha il pavimento in legno.
The kitchen has a wooden floor.

pazzo/-a   *crazy*
Vado pazza per la pizza.
I'm crazy about pizza.

pedone m.   *pedestrian*
I pedoni devono fare attenzione quando attraversano la strada.
Pedestrians need to pay attention when they cross the road.

peggiore   *worse*
Il tempo di ieri era peggiore di quello di oggi.
Yesterday's weather was worse than today's.

pensare   *to think*
Penso di andare in vacanza in Argentina.
I'm thinking about going on holiday to Argentina.

pentola f.   *pot, casserole*
Ho bruciato il ripiano della cucina con una pentola bollente.
I burnt the kitchen counter top with a hot pot.

per   *for*
Questo regalo è per te.
This present is for you.

per favore   *please*
Può ripetere per favore?
Can you repeat, please?

perché   *why*
Perché non rispondi al telefono?
Why don't you answer the phone?

perdere   *to lose*
Ho perso le chiavi!
I lost the keys!

perdonare   *to excuse, to forgive*
Non penso di poterti perdonare per quello che mi hai fatto.
I don't think I can forgive you for what you've done to me.

pericolo m.   *danger*
Questo è un segnale di pericolo.
This is a danger sign.

pericoloso/-a   *dangerous*
È pericoloso nuotare nell'acqua profonda.
It is dangerous to swim in deep water.

permettere   *to allow*
Non permettiamo l'ingresso ai cani.
We don't allow dogs here.

però   *however, but*
Mi scusi, ma non ho capito la domanda.
I'm sorry, but I didn't understand the question.

perso/-a   *lost*
È un'anima persa.
He's a lost soul.

pesante   *heavy*
La tua valigia è troppo pesante.
Your suitcase is too heavy.

pescare   *to fish*
Ti piace pescare?
Do you like to fish?

peso m.   *weight*
Quando vado in palestra sollevo pesi.
When I go to the gym I lift weights.

pessimo/-a   *very bad, awful*
È un pessimo ristorante.
It's an awful restaurant.

pettinarsi   *to comb one's hair*
Pettinati i capelli!
Comb your hair!

pezzo m.   *piece*
Mi passi un pezzo di pizza?
Can you pass me a piece of pizza?

piacere m.   *pleasure*
È stato un piacere conoscerLa.
It was a pleasure meeting you.

piacere   *to like*
Mi piace il pane.
I like bread.

piangere   *to cry*
Perché piangi?
Why are you crying?

piano   *slowly*
Chi va piano va sano e va lontano.
Slow and steady wins the race.

pianta f.   *plant*
Mio marito adora avere le piante in casa.
My husband adores having plants in the house.

piantare   *to plant*
Ieri abbiamo piantato un albero in giardino.
Yesterday we planted a tree in the garden.

pianterreno m.   *ground floor*
Abitiamo al pianterreno.
We live on the ground floor.

piantina f.   *map*
Ha una piantina della città?
Do you have a map of the city?

piatto m.   *plate, dish*
I piatti sporchi sono nella lavastoviglie.
The dirty dishes are in the dishwasher.

piatto/-a   *flat*
Hai la TV a schermo piatto?
Do you have a flat-screen TV?

piccante   *spicy*
Il sugo è troppo piccante.
The sauce is too spicy.

piccolo/-a   *small*
Ti ho comprato un piccolo regalo.
I bought you a small present.

piegare   *to fold*
L'origami è l'arte giapponese di piegare la carta.
Origami is the Japanese art of paper folding.

pietra f.   *stone, rock*
È una costruzione in pietra.
It's a stone building.

pila f.   *battery*
Le pile del telecomando sono scariche.
The batteries of the remote are dead.

pinzette f. pl.   *tweezers*
C'è un paio di pinzette nel cassetto.
There's a pair of tweezers in the drawer.

pioggia f.   *rain*
Per domani è prevista pioggia.
Tomorrow's forecast calls for rain.

piovere　　*to rain*
Sta piovendo a Londra?
Is it raining in London?

piscina f.　　*swimming pool*
L'hotel ha una piscina.
The hotel has a swimming pool.

pittura f.　　*painting*
Non apprezzo molto la pittura astratta.
I don't really appreciate abstract painting.

più (di)　　*more (than)*
Marco è più onesto di Franco.
Marco is more honest than Franco.

più　　*the most*
Michele è l'amico più sincero che abbia mai avuto.
Michael is the most sincere friend I've ever had.

poco/-a　　*little, few*
Ho dato poca importanza al problema.
I gave little importance to the problem.

poesia f.　　*poetry*
Mi piace la poesia romantica.
I like romantic poetry.

politica f.　　*politics*
Non mi intendo di politica.
I don't understand politics.

polizia f.　　*police*
La polizia ha arrestato il ladro.
The police arrested the thief.

polline m.　　*pollen*
Tutto questo polline mi fa starnutire.
All this pollen is making me sneeze.

poltrona f.　　*armchair*
Vorrei una poltrona in pelle rossa.
I'd like a red leather armchair.

ponte m.　　*bridge*
Il ponte collega la baia con la città.
The bridge links the bay with the city.

popolare   *popular*
È una canzone popolare italiana.
It's a popular Italian song.

popolazione f.   *population*
Qual è la popolazione di Roma?
What is the population of Rome?

porta f.   *door*
Chiudi la porta quando esci.
Close the door when you leave.

portacenere m.   *ashtray*
Sono stati a Volterra e mi hanno portato un portacenere di
    marmo.
They went to Volterra and they brought me a marble ashtray.

portafoglio m.   *wallet*
Ho dimenticato il portafoglio a casa.
I left my wallet at home.

portare   *to bring*
Hanno detto di portare il sacco a pelo.
They said to bring a sleeping bag.

porzione f.   *portion*
Servono porzioni molto grandi.
They serve very large portions.

possibile   *possible*
È possibile migliorare la situazione.
It's possible to improve the situation.

potabile   *drinkable*
L'acqua del rubinetto è potabile? -Si, lo è.
Is the tap water drinkable? -Yes, it is.

potere   *to be able to, can*
Puoi aprire la finestra per favore?
Can you open the window, please?

povero/-a   *poor*
In questo quartiere vivono molte famiglie povere.
Many poor families live in this neighborhood.

povertà f.   *poverty*
Troppe persone vivono in povertà.
Too many people live in poverty.

pozzo m.   *well*
Nel cortile c'è un pozzo.
There's a well in the courtyard.

prato m.   *lawn, meadow*
Abbiamo un prato davanti casa.
We have a front lawn.

prefisso m.   *area code*
Il prefisso di Firenze è 055.
The area code for Florence is 055.

premio m.   *prize, award*
Ha vinto il premio come migliore attore.
He won the award for best actor.

prendere   *to take, to have*
Carla, prendi un caffé?
Carla, will you have a coffee?

prenotare   *to book (in advance), reserve*
Buonasera, abbiamo prenotato un tavolo per otto.
Good evening, we reserved a table for eight.

preoccuparsi   *to get worried*
Non preoccuparti, tutto si sistemerà.
Don't worry, everything will work out.

prepararsi   *to prepare, to get ready*
Mi preparo per uscire.
I'm getting ready to go out.

presa (di corrente) f.   *(electrical) outlet*
Che tipo di presa elettrica si usa negli Stati Uniti?
What type of outlet do they use in the States?

presentare   *to introduce someone*
Ti ho già presentato il mio amico?
Have I already introduced my friend to you?

presentazione f.   *presentation*
La presentazione sul Rinascimento è domani.
The presentation on the Renaissance is tomorrow.

pressione f.   *pressure*
Mi sono sentito sotto pressione.
I felt under pressure.

prestare   *to lend*
Mi presti la tua penna?
Will you lend me your pen?

prestito m.   *loan*
Ho chiesto un prestito di 10.000 dollari.
I asked for a $10,000 loan.

presto   *soon*
A presto!
See you soon!

prevenire   *to prevent*
Prevenire è meglio che curare.
To prevent is better than to cure.

previsioni (del tempo) f. pl.   *forecast*
Quali sono le previsioni per domani?
What is the forecast for tomorrow?

prezzo m.   *price*
È un prezzo troppo alto.
The price is too high.

primo/-a   *first*
È stata la prima donna medico in Italia.
She was the first woman doctor in Italy.

privato/-a   *private*
È talmente ricco che ha un jet privato.
He's so rich that he has a private jet.

problema m.   *problem*
È un problema difficile da risolvere.
It's a difficult problem to solve.

produrre   *to produce*
Questa fabbrica produce mozzarella.
This factory produces mozzarella.

professione f.   *profession*
Qual è la professione di tuo padre?
What is your father's profession?

profumo m.   *perfume*
Che profumo usi?
What perfume do you use?

proibire   *to forbid*
È proibito calpestare il prato.
Walking on the grass is forbidden.

promessa f.   *promise*
Non fare promesse che non puoi mantenere.
Don't make promises you can't keep.

promettere   *to promise*
Promettimi che non mi lascerai.
Promise me you won't leave me.

pronto/-a   *ready*
La cena è pronta.
Dinner is ready.

propietario/-a   *owner*
È il propietario del ristorante.
He's the owner of the restaurant.

prossimo/-a   *next*
Il prossimo anno mi trasferisco a Parigi.
Next year I'll move to Paris.

prostituta f.   *prostitute*
Molte prostitute lavorano sulle strade.
Many prostitutes work on the street.

proteggere   *to protect*
Molte associazioni lottano per proteggere l'ambiente.
Many associations are fighting to protect the environment.

protestare   *to protest*
I cittadini hanno protestato contro il governo.
The citizens protested against the government.

protetto/-a   *protected*
È un'area protetta.
This is a protected area.

prova f.   *proof/test*
Ho superato la prova.
I passed the test.

provare   *to taste, to try, to try on*
Posso provare questa giacca?
Can I try this jacket on?

pubblico/-a   *public*
C'è un bagno pubblico qui vicino?
Is there a public bathroom nearby?

pulire   *to clean*
Devo pulire la mia stanza.
I must clean my room.

pungere   *to sting*
Mi ha punto un ape!
A bee stung me!

puntuale   *punctual, on time*
Sono arrivato puntuale all'appuntamento.
I arrived at the appointment on time.

Q

quaderno m.   *notebook*
Mia figlia deve comprare sei quaderni a righe per scuola.
My daughter has to buy six ruled notebooks for school.

quadrato   *square*
Questo tavolo quadrato starebbe bene in cucina.
This square table would go well in the kitchen.

quadricipite m.   *quadricep*
Questi esercizi sviluppano i quadricipiti.
These exercises develop the quadriceps.

quadrilatero m.   *four-sided, quadrilateral*
Un quadrilatero è un poligono di quattro lati.
A quadrilateral is a four-sided polygon.

quadrimestre m.   *period of four months*
Il sistema scolastico italiano è basato sui quadrimestri.
The Italian school system is based on four-month sessions.

quadro m.   *picture*
Questo famoso quadro si trova a Roma.
This famous picture is in Rome.

qualcuno/-a   *somebody*
Qualcuno potrebbe essere interessato all'annuncio.
Somebody might be interested in the ad.

qualifica f.   *qualification*
Non ho le necessarie qualifiche per il lavoro.
I don't have the necessary qualifications for the job.

qualificare   *to qualify*
La squadra si è qualificata per i mondiali.
The team qualified for the world championship.

qualità f.   *quality*
Questa città ha una buona qualità di vita.
This city offers a good quality of life.

qualunque   *any*
Per favore, chiamami a qualunque ora.
Please, call me at any time.

quantificabile   *quantifiable*
Il prezzo di questo gioiello non è quantificabile.
The price of this jewel is not quantifiable.

quantità f.   *quantity*
Non è la quantità ma la qualità che conta.
It's not the quantity but the quality that matters.

quanto/-a   *how much*
Quanto costano queste scarpe?
How much do these shoes cost?

quantomeno   *at least*
Quantomeno mi avresti potuto chiamare.
You should have at least called me.

quarantena f.   *quarantine*
Le persone infettate vennero messe in quarantena.
The infected people were put into quarantine.

quartiere m.   *neighborhood*
È un quartiere pericoloso.
It's a dangerous neighborhood.

quarzo m.   *quartz*
Questo gioiello è fatto di quarzo.
This jewel is made of quartz.

quasi   *almost*
Ho quasi finito.
I'm almost done.

quassù   *up here*
Si gode una bellissima vista da quassù.
The view is splendid from up here.

quatto/-a   *squatting, crouching*
Il gatto se ne stava quatto dietro il cespuglio.
The cat was squatting behind the bush.

quattrocchi   *privately, four-eyes*
Devo parlarti a quattrocchi.
I must talk to you privately.

quello/-a   *that*
Chi è quello?
Who's that [boy]?

querela f.   *action, lawsuit*
Ho sporto querela per diffamazione.
I filed an action for libel.

questionabile   *arguable*
È un punto di vista questionabile.
It's an arguable point of view.

questione f.   *question, issue*
È una questione complicata.
It's a difficult issue.

questo/a   *this*
Questo è mio marito.
This is my husband.

questura f.   *police station*
Il passaporto viene rilasciato in questura.
The passport is issued at the police station.

qui   *here*
Mi dispiace, non sono di qui.
I'm sorry, I'm not from here.

quieto/-a   *quiet*
È una notte quieta.
It's a quiet night.

quintale m.   *quintal (220.46 lb.)*
A quanto equivale un quintale in libbre?
How many pounds is one quintal?

quisquilia f.   *minor details*
Vai al sodo; non perderti in quisquilie.
Get to the point; don't get lost in minor details.

quota f.   *share, amount*
Ho già pagato la quota per l'hotel.
I've already paid my share for the hotel.

quotidiano m.   *newspaper*
Il Corriere della Sera è il quotidiano italiano più venduto.
Il Corriere della Sera is the most widely sold Italian newspaper.

R

raccogliere   *to pick up*
Per favore raccogli quel pezzo di carta.
Please pick up that piece of paper.

raccolto m.   *harvest, crop*
Il raccolto di grano è stato buono.
The wheat harvest was good.

raccomandare   *to recommend*
Ti raccomando questo ristorante; è ottimo.
I recommend this restaurant; it's great.

racconto m.   *short story*
Scrivo racconti.
I write short stories.

radiatore m.   *radiator*
Il radiatore della mia macchina era in ebollizione.
The radiator of my car was boiling over.

radiazione f.   *radiation*
Le radiazioni nucleari sono pericolose.
Nuclear radiation is dangerous.

radio f.   *radio*
Quando studio ascolto sempre la radio.
When I study I always listen to the radio.

ragazzo/-a   *boy, girl, boyfriend, girlfriend*
Come si chiama la tua ragazza?
What's your girlfriend's name?

raggiungere   *to reach, to get to*
Hanno raggiunto la cima della montagna.
They reached the top of the mountain.

ragione f.   *reason*
Non hai nessuna ragione di essere ansioso.
There's no reason for you to be anxious.

RAI f.   *Italian Broadcasting Corporation*
La RAI è la televisione pubblica italiana.
RAI is the Italian public television system.

rame m.   *copper*
Mi piacciono molto le padelle in rame.
I love copper pans.

rapidamente   *quickly*
Si muove troppo rapidamente; non riesco ad acchiapparla.
She moves too quickly; I can't catch her.

rapido/-a   *express/fast [train]*
A che ora parte il treno rapido per Milano?
At what time does the fast train to Milan leave?

rapina f.   *robbery, theft*
C'è stata una rapina al centro commerciale.
There's been a robbery at the mall.

raramente   *seldom*
Vado raramente al cinema.
I seldom go to the movies.

raro/-a   *rare*
È un francobollo molto raro.
It's a very rare stamp.

re m.   *king*
Qual è stato l'ultimo re d'Italia?
Who was the last Italian king?

realista   *realistic*
Non è una persona realista, vive di sogni.
He's not a realistic person, he's a dreamer.

reazione f.   *reaction*
La sua reazione fu violenta.
His reaction was violent.

recentemente   *recently*
Sono stato recentemente a Napoli.
I've recently been to Naples.

recitare   *to act*
Ha recitato in molti film.
She acted in many movies.

regalo m.   *gift*
È il compleanno di Sandro; quale regalo gli compro?
It's Sandro's birthday; what gift shall I buy for him?

regime m.   *regime*
Il fascismo fu un regime di destra.
Fascism was a right-wing regime.

regina f.   *queen*
Da bambina sognavo di essere regina.
As a child I dreamed about being a queen.

registrare   *to register*
Il termometro registrava −20 gradi.
The thermometer registered −20°C.

regola f.   *rule*
Le regole vanno rispettate.
Rules must be respected.

relazionato/-a   *related*
Le due vicende non sono relazionate fra loro.
The two events are not related to each other.

relazione f.   *relationship*
Nelle relazioni occorre molta pazienza.
In relationships you need a lot of patience.

religione f.   *religion*
La maggioranza della popolazione italiana è di religione
    cattolica.
Most Italians are Catholic.

religioso/-a   *religious*
Mi considero una persona spirituale ma non religiosa.
I consider myself a spiritual person but not religious.

resistere   *to resist*
Non so resistere al desiderio di una fetta di torta.
I can't resist a slice of cake.

respirare *to breathe*
Respira profondamente.
Breathe deeply!

restituire *to give back, return*
Devo restituire questo libro alla biblioteca.
I must return this book to the library.

rete f. *net*
I pescatori stanno gettando le reti.
The fishermen are casting their nets.

rettangolo m. *rectangle*
Il rettangolo ha quattro lati.
A rectangle has four sides.

ribasso m. *discount*
C'è un ribasso di 5 dollari su tutti i pantaloni.
There's a five-dollar discount on all pants.

ricarica f. *recharge*
Ho comprato una ricarica di 15 dollari per il telefonino.
I bought a $15 prepaid recharge for my cell phone.

ricchezza f. *wealth*
La ricchezza non è la cosa più importante.
Wealth is not the most important thing.

ricco/-a *rich*
Proviene da una famiglia molto ricca.
He comes from a very rich family.

ricetta f. *recipe*
Mi dai la tua ricetta per le lasagne?
Will you give me your recipe for lasagna?

ricevere *to receive*
Grazie, ho ricevuto la tua cartolina.
Thank you, I received your postcard.

ricevuta f. *receipt*
Posso avere la ricevuta?
Can I have the receipt?

riciclare *to recycle*
Nella nostra città ricicliamo la plastica e il vetro.
In our city we recycle plastic and glass.

riconoscere   *to recognize*
Scusa, non ti ho riconosciuto.
I'm sorry, I didn't recognize you.

ricordarsi   *to remember*
Ricordati di spedire la lettera.
Remember to mail the letter.

ricordo m.   *memory, souvenir*
Ho tanti bei ricordi di quando ero bambino.
I have many fond memories of my childhood.

ridere   *to laugh*
Mi piace stare con te, perchè mi fai ridere.
I like to be with you, because you make me laugh.

ridurre   *reduce*
Il prezzo del petrolio è stato ridotto.
The price of oil has been reduced.

riduzione f.   *reduction, discount*
C'è una riduzione per gli studenti?
Is there a student discount?

rientrare   *to come back, to return*
Sono rientrato a casa alle nove.
I came back home at nine o'clock.

rifiutare   *to refuse*
Si è rifiutato di parlarle al telefono.
He refused to talk with her on the phone.

rifiuti m. pl.   *garbage*
A Napoli aumentano i cumuli di rifiuti abbandonati.
The piles of abandoned garbage in Naples are growing.

riflettere   *to reflect, to be reflected*
La luna si riflette nel pozzo.
The moon is reflected in the well.

rifugiato   *refugee*
Vive in Italia come rifugiato politico.
He lives in Italy as a political refugee.

rimedio m.   *remedy, cure*
Conosco un rimedio naturale efficace contro la tosse.
I know an effective natural remedy for a cough.

rimpiazzare *to replace*
Il suo ex fidanzato è stato rimpiazzato velocemente.
Her ex-boyfriend was replaced quickly.

ringraziare *to thank*
Non so veramente come ringraziarti.
I really don't know how to thank you.

rinunciare *to give up*
Ho rinunciato all' idea di fare carriera nella politica.
I gave up the idea of making a career in politics.

riparare *to repair*
Ho riparato la mia moto.
I repaired my motorbike.

ripassare *to review*
Hai ripassato la lezione?
Did you review the lesson?

ripetere *to repeat*
Scusa non ho capito; puoi ripetere?
Sorry I didn't understand; could you repeat it?

riposarsi *to rest*
Prima di uscire voglio riposarmi un po'.
Before going out I want to rest a little.

risata f. *laughter*
Scoppiò in una fragorosa risata.
She burst into a loud laugh.

rischio m. *risk*
Non voglio correre alcun rischio.
I don't want to take any risks.

rischioso/-a *risky*
Il paracadutismo è uno sport rischioso.
Parachuting is a risky sport.

riservare *to reserve, keep, save*
Riserva le tue energie; hai una giornata lunga domani.
Save your energy; you have a long day ahead of you tomorrow.

risolvere *to solve*
Mi piace risolvere i cruciverba.
I like to solve crossword puzzles.

rispettare   *to respect*
È importante rispettare tutte le opinioni.
It's important to respect every opinion.

rispettoso/-a   *respectful*
Franco è una persona molto rispettosa.
Franco is a very respectful person.

rispondere   *to reply, to respond*
Hai risposto alla e-mail del cliente?
Did you reply to the customer's e-mail?

risposta f.   *answer*
Diede una risposta molto confusa.
He gave a very confused answer.

ristorante m.   *restaurant*
Mangiamo al ristorante cinese stasera?
Shall we eat at the Chinese restaurant tonight?

ritardo m.   *delay, lateness*
Sono sempre in ritardo.
I'm always late.

ritmo m.   *rhythm*
Non so ballare; non ho ritmo.
I can't dance; I don't have a sense of rhythm.

ritratto m.   *portrait*
È un ritratto di una dama veneziana.
It's a portrait of a Venetian lady.

riunione f.   *meeting*
La riunione è rimandata a domani.
The meeting is postponed until tomorrow.

riunirsi   *to meet, to assemble, to get together*
Tutti i cugini si riunirono per Natale.
All the cousins got together for Christmas.

rivista f.   *magazine*
Mi piacciono le riviste di moda.
I like fashion magazines.

roccia f.   *rock, stone*
È una costa piena di rocce.
It's a coast full of rocks.

romantico/-a   *romantic*
Mi piacciono i film romantici.
I like romantic movies.

rompersi   *to break*
Il professore si è rotto il braccio.
The professor broke his arm.

rossetto m.   *lipstick*
Che bel rossetto!
What a nice lipstick!

rosso/-a   *red*
Mia sorella ha i capelli rossi.
My sister has red hair.

rotondo/-a   *round*
Conosci la leggenda di re Artù e i cavalieri della tavola rotonda?
Do you know the legend of King Arthur and the Knights of the Round Table?

rotta f.   *route*
Che rotta ha seguito l'aereo?
Which route did the plane follow?

rotto/-a   *broken*
Il computer non funziona; è rotto.
The computer doesn't work; it's broken.

rovine f. pl.   *ruins*
È affascinante vedere le antiche rovine di Roma.
It's fascinating to see Rome's ancient ruins.

rubare   *to steal*
Qualcuno mi ha rubato il cellulare!
Somebody stole my cell phone!

rumore m.   *noise*
Cos'è questo rumore assordante?
What's this deafening noise?

rumoroso/-a   *noisy*
Non posso dormire in questa stanza perché è troppo rumorosa.
I can't sleep in this room because it's too noisy.

ruota f.   *wheel*
Dov'è la ruota di scorta?
Where's the spare tire?

ruttare   *to burp*
Ruttare a tavola è considerato segno di maleducazione.
Burping at the dinner table is considered impolite.

S

sabbia f.   *sand*
Mi piace camminare a piedi nudi sulla sabbia.
I like to walk barefoot in the sand.

sacco (a pelo) m.   *(sleeping) bag*
Vado in campeggio; ho bisogno di un sacco a pelo.
I'm going camping; I need a sleeping bag.

sala (di attesa) f.   *hall, waiting room*
Si accomodi nella sala d'attesa.
Please wait in the waiting room.

sala (da pranzo) f.   *dining room*
La colazione viene servita nella sala da pranzo?
Is breakfast served in the dining room?

salario m.   *salary, wage*
Lavora per il governo; ha un buon salario.
He works for the government; he earns a good wage.

salato/-a   *salty*
La minestra è salata.
The soup is salty.

saldo (bancario) m.   *account balance*
Il mio saldo è in rosso.
My bank account is overdrawn.

salire   *to climb, to go up, to rise*
Fai attenzione quando sali sulla scala.
Be careful when you climb up the ladder.

salita f.   *slope, ascent, hill*
Ci sono molte salite; è difficile andare in bicicletta.
There are many hills; it's difficult to ride a bike.

salotto m.   *living room*
Sono in salotto.
I'm in the living room.

saltare   *to jump, to leap*
Il gatto è saltato sul tavolo.
The cat jumped on the table.

salto m.   *jump, leap*
È un campione di salto in alto.
He's a high jump champion.

salutare   *to greet*
Silvia non mi ha salutato; è arrabbiata con me.
Silvia didn't greet me; she's angry with me.

salute f.   *health*
Mio nonno ha novantasette anni ma gode di ottima salute.
My grandfather is ninety-seven but still enjoys great health.

salute!   *bless you!*
Salute!
Bless you!

salute!   *cheers!*
Salute!
Cheers!

saluti m. pl.   *greetings!*
Saluti da Pisa!
Greetings from Pisa!

salvagente m.   *lifeguard, life jacket*
I salvagenti sono sotto il sedile.
The life jackets are under the seat.

salvare   *to save, to rescue*
Tutti i passeggeri dell'aereo si sono salvati.
All the passengers of the aircraft were saved.

santo/-a   *holy, saint*
Le biografie dei santi sono spesso affascinanti.
The biographies of saints are often fascinating.

sapere   *to know (something)*
Sai che Mario si è sposato?
Do you know that Mario got married?

sapore m.   *taste*
Questo piatto non ha sapore.
This dish has no taste.

saporito/-a   *tasty*
La frutta esotica è molto saporita.
Exotic fruit is very tasty.

sazio/-a   *full, satiated*
Nient'altro, grazie; sono sazio.
Nothing else, thank you; I'm full.

sbadigliare   *to yawn*
Sbadigliare è contagioso.
Yawning is contagious.

sbagliare   *to make a mistake*
Forse ho sbagliato a lasciarlo.
Maybe I made a mistake by leaving him.

sbucciare   *to peel*
Perché si piange quando si sbuccia una cipolla?
Why do our eyes water when we peel an onion?

scala f.   *ladder*
Appoggiamo la scala contro il garage.
Let's lean the ladder against the garage.

scala mobile f.   *escalator*
Le scale mobili mi mettono paura.
Escalators scare me.

scale f. pl.   *stairs, steps*
Preferisci prendere l'ascensore o le scale?
Do you prefer taking the elevator or the steps?

scaricare   *to unload*
Mi aiuti a scaricare queste scatole?
Will you help me unload these boxes?

scatola f.   *box*
Li ho messi in quella scatola.
I put them in that box.

scatola f.   *tin*
Non mi piace la carne in scatola.
I don't like tinned meat.

scegliere   *to choose*
Scegli tu il film che vuoi vedere.
You choose the film you want to see.

scendere   *to go down, to get down*
Scendi subito da quell'albero!
Get down from that tree right now!

scodella f.   *bowl*
Per pranzo ho mangiato una scodella di minestra.
I ate a bowl of soup for lunch.

scolapasta m.   *colander*
Lo scolapasta è indispensabile in cucina.
A colander is a must in the kitchen.

sconto m.   *discount*
Allora, me lo fa o no lo sconto?
So, are you or aren't you going to give me a discount?

scopa f.   *broom*
Non ricordo dove ho messo la scopa.
I don't remember where I put the broom.

scossa (elettrica) f.   *(electric) shock*
Ho preso una scossa mentre cambiavo una lampadina.
I got a shock while I was changing a lightbulb.

scuola f.   *school*
Dove vai a scuola?
Where do you go to school?

scuro/-a   *dark*
Quando la carne tritata è scura vuol dire che è andata a male.
When ground meat is dark in color it means it has gone bad.

se   *if*
Se fossi ricco comprerei una barca.
If I were rich, I would buy a boat.

secchio m.   *bucket, bucketful*
Ha rovesciato il secchio di acqua sul pavimento.
He knocked over the bucket of water onto the floor.

secco/-a   *dry*
C'è un clima molto secco.
The climate is very dry.

secolo m.   *century*
Faccio un corso sulla letteratura italiana del XVIII° secolo.
I'm taking a course on 18th-century Italian literature.

seconda classe f.　　*second class*
Un biglietto di seconda classe per Roma per favore.
A second-class ticket to Rome, please.

secondo　　*according to*
Secondo questa guida è il migliore ristorante in città.
According to this guide it's the best restaurant in town.

sedersi　　*to sit down*
Prego, si sieda.
Please, sit down.

sedia f.　　*chair*
Manca una sedia.
A chair is missing.

seggiolino (auto) m.　　*car seat*
Vorremmo noleggiare un'automobile con seggiolino auto.
We'd like to rent a car with a car seat.

seggiolone m.　　*high chair*
Mia sorella ci regalerà il seggiolone.
My sister is going to give us a highchair.

segnalare　　*to signal, to report, to point out*
Ho segnalato il problema all'agenzia.
I reported the problem to the agency.

segnale m.　　*signal, sign*
Per passare l'esame della patente devi conoscere i segnali
　　stradali.
To pass the driving license test you need to know street signs.

segreteria telefonica f.　　*answering machine*
Ti ho appena lasciato un messaggio sulla segreteria telefonica.
I just left you a message on your answering machine.

segreto m.　　*secret*
Il segreto di una buona relazione è la comunicazione.
The secret of a good relationship is communication.

seguente　　*next, following*
Il giorno seguente abbiamo visitato il Colosseo.
The next day we visited the Coliseum.

seguire　　*to follow*
Segui le istruzioni alla lettera.
Follow the instructions to the letter.

selezionare   *to select, to pick*
Alcuni locali selezionano la loro clientela.
Some clubs select their customers.

selva f.   *wood, forest*
Dante, nella Commedia, descrive una selva oscura.
In his Comedy, Dante describes a dark forest.

semaforo m.   *traffic light*
Le macchine devono partire quando il semaforo è verde.
When the light turns green, the cars must move.

sembrare   *to look like, to appear*
Marco sembra più giovane della sua età.
Marco looks younger than his age.

seme m.   *seed*
Hai piantato i semi di zucca?
Did you plant the pumpkin seeds?

sempre   *always*
Vado sempre al cinema la domenica.
I always go to the movies on Sundays.

sensibilità f.   *sensibility, sensitivity*
Matteo ha una grande sensibilità artistica.
Matteo has great artistic sensitivity.

senso m.   *sense, meaning, direction*
Non riesco a seguire la trama del libro; non ha senso.
I can't follow the plot of this book; it doesn't make sense.

sensuale   *sensual*
Il tango è una danza molto sensuale.
The tango is a very sensual dance.

sentiero m.   *path*
Questo sentiero porta alla sorgente.
This path leads to the spring.

sentimento m.   *feeling*
Mi dispiace, ho offeso i tuoi sentimenti.
I'm sorry, I hurt your feelings.

sentire   *to feel*
Lo senti quant'è morbida la lana di quest'agnello?
Do you feel how soft this lamb's wool is?

sentire   *to hear*
Mi senti?
Can you hear me?

sentirsi   *to feel*
Penso di avere l'influenza; mi sento male.
I think I have the flu; I don't feel well.

senza   *without*
Prendi il caffè con o senza zucchero?
Do you take coffee with or without sugar?

senzatetto m. & f.   *homeless person*
Sfortunatamente in questa città ci sono molti senzatetto.
Unfortunately in this city there are many homeless people.

separarsi   *to separate*
I genitori di Paola si sono separati tre anni fa.
Paola's parents separated three years ago.

serie f.   *series*
Ho preparato una serie di domande per te.
I prepared a series of questions for you.

serio/-a   *serious*
Marco non ride mai; è una persona molto seria.
Marco never laughs; he's a very serious person.

serratura f.   *lock*
Siccome mi hanno rubato le chiavi ho dovuto cambiare la
     serratura della porta di casa.
Since my keys were stolen I had to replace the front door lock.

servire   *to serve*
Come dessert hanno servito il tiramisù.
They served tiramisù for dessert.

servizi m. pl.   *restrooms*
Mi scusi, dove sono i servizi?
Excuse me, where are the restrooms?

servizio m.   *(table) service*
Il servizio in hotel era pessimo.
The hotel service was terrible.

sesso m.   *sex*
Il sesso è parte importante di una relazione.
Sex is an important part of a relationship.

seta f.   *silk*
Ho comprato una camicia di seta molto bella.
I bought a very beautiful silk shirt.

sete f.   *thirst*
Ho sete.
I'm thirsty.

sì   *yes*
Vuoi un caffè? Sì grazie.
Do you want a coffee? Yes, please.

sicurezza f.   *security, safety*
La sicurezza negli aeroporti è una questione delicata.
Security at airports is a sensitive issue.

sicuro/-a   *safe*
È una città molto sicura.
It's a very safe city.

sieropositivo/-a   *HIV positive*
Lavoro per un'associazione che aiuta le persone sieropositive.
I work for an association that helps the HIV positives.

siesta f.   *nap, siesta*
In estate faccio sempre una siesta dopo pranzo.
In summer I always take a siesta after lunch.

sigaretta f.   *cigarette*
Ce l'hai una sigaretta?
Do you have a cigarette?

significato m.   *meaning*
Qual è il significato di questa frase?
What is the meaning of this sentence?

silenzio m.   *silence*
C'era un grande silenzio nella casa.
There was a great silence in the house.

simile   *similar*
Questi due modelli di macchine sono molto simili.
These two car models are very similar.

simpatico/-a   *nice, friendly*
Quanto sono simpatici i tuoi amici.
How nice your friends are.

sincerità f.   *sincerity*
Apprezzo molto la tua sincerità.
I really appreciate your sincerity.

singolo/-a   *single*
Quanto costa una camera singola?
How much does a single room cost?

sinistra f.   *left*
La ragazza alla sinistra è mia figlia.
The girl on the left is my daughter.

sintetico/-a   *synthetic, concise*
Non mi piacciono i tessuti sintetici.
I don't like synthetic fabrics.

sistema m.   *system*
Il sistema politico italiano è molto complicato.
The Italian political system is very complicated.

sito m.   *site*
Pompei è un sito archeologico famosissimo.
Pompei is a well-known archeological site.

smalto m.   *nail polish*
D'estate mi piace mettere lo smalto sulle unghie dei piedi.
In the summer I like to wear nail polish on my toenails.

soave   *soft, smooth*
Dalla strada si sentiva una musica soave.
From the road you could hear soft music.

sobrio/-a   *sober, moderate, neutral*
Indossa solo colori sobri.
She only wears neutral colors.

soddisfatto/-a   *satisfied, content*
Non sono soddisfatto del mio lavoro.
I'm not satisfied with my work.

soffitto m.   *ceiling*
Abbiamo attaccato le stelle fluorescenti al soffitto.
We tacked fluorescent stars to the ceiling.

soffrire   *to suffer*
Non voglio soffrire per amore.
I don't want to suffer for love.

sognare   *to dream*
Sogno di vivere a Parigi.
I dream of living in Paris.

sogno m.   *dream*
Non ricordo mai i sogni che faccio.
I never remember the dreams I have.

solamente   *only*
Ha solamente 23 anni, ma è già affermato.
He's only 23 years old, but he's already established.

soldato m.   *soldier*
I soldati hanno combattuto una dura guerra.
The soldiers fought a bitter war.

soldi m. pl.   *money*
Laura ha nascosto i soldi.
Laura has hidden the money.

sole m.   *sun*
Il sole mi mette allegria.
The sun makes me happy.

soleggiato/-a   *sunny*
È la stanza più soleggiata della casa.
It's the sunniest room of the house.

sollecitare   *to request, to solicit*
Ho sollecitato un appuntamento con l'avvocato.
I requested an appointment with the lawyer.

solo/-a   *alone*
Non vado mai al cinema da solo.
I never go to the movies alone.

solo   *only*
Ho solo cinque minuti prima dell'esame.
I have only five minutes before the exam.

sopra   *above*
Abitiamo nell'appartamento sopra al bar.
We live in the apartment above the café.

soprannaturale   *supernatural*
Mi interessano i fenomeni soprannaturali.
I'm interested in supernatural phenomena.

sordo/-a   *deaf*
È diventato sordo a causa di un incidente.
He became deaf because of an accident.

sorpassare   *to overtake*
In Inghilterra si guida a sinistra e si sorpassa a destra.
In England you drive on the left and overtake on the right.

sorprendente   *surprising, amazing*
La sua intelligenza è sorprendente.
His intelligence is amazing.

sorprendere   *to surprise*
Mi sorprendi sempre.
You always surprise me.

sorpresa f.   *surprise*
Vederti è stata una bella sorpresa.
Seeing you was a nice surprise.

sorridere   *to smile*
Sorridi ogni tanto!
Smile every now and then!

sorriso m.   *smile*
Ha un sorriso luminoso.
She has a bright smile.

sospettoso/-a   *suspicious*
Non si fida di nessuno; è molto sospettoso.
He doesn't trust anybody; he's very suspicious.

sotto   *under, beneath*
L'entrata è sotto le scale.
The entrance is beneath the stairs.

spazzola f.   *(hair) brush*
Hai una spazzola? Devo spazzolarmi i capelli.
Do you have a hair brush? I need to brush my hair.

speciale   *special*
Grazie; è stata una serata veramente speciale.
Thank you; it was a truly special evening.

sperare   *to hope*
Speriamo che non piova il giorno del matrimonio.
Let's hope it doesn't rain on the wedding day.

spesso   *often*
Vai spesso in Italia?
Do you go to Italy often?

spettacolo m.   *show*
Non vedo l'ora di vedere lo spettacolo.
I can't wait to see the show.

spiegare   *to explain*
Scusi, mi può spiegare come si fa a fare l'aceto balsamico?
Excuse me, could you explain to me how balsamic vinegar is made?

spogliatoio m.   *changing room, locker room*
Prima della partita vado a cambiarmi nello spogliatoio.
Before the game I'm going to get changed in the locker room.

sporco/-a   *dirty*
La cucina è sporca.
The kitchen is dirty.

sposare   *to marry*
Mi sposi?
Will you marry me?

sposato/a   *married*
Sono sposato da più di venti anni.
I've been married for over twenty years.

stare   *to stay, to remain*
Stai qui!
Stay here!

starnutire   *to sneeze*
Tutti questi fiori mi fanno starnutire.
All these flowers are making me sneeze.

stazione di servizio f.   *gas station*
Scusi, sa se c'è una stazione di servizio qui vicino?
Excuse me, do you know whether there is a gas station nearby?

stirare   *to iron*
Devo stirare tre camicie prima di andare a letto.
I have to iron three shirts before I go to bed.

stoffa f.   *cloth, fabric*
Voglio cucire una tovaglia con la stoffa che mi ha regalato tua
    madre.
I want to make a tablecloth with the fabric your mother gave me.

storia f.   *story*
Conosci la storia del cavallo di Troia?
Do you know the story about the Trojan horse?

strada f.   *road*
Ti ricordi quell'osteria lungo la strada per Ravenna?
Do you remember that tavern along the road to Ravenna?

strumento (musicale) m.   *(musical) instrument*
Suoni uno strumento?
Do you play an instrument?

succedere   *to happen*
Che succede stasera?
What's happening this evening?

stretto/-a   *tight*
Questa giacca mi va un po' stretta.
This jacket is a bit tight on me.

sud m.   *south*
La Calabria si trova al sud.
Calabria is located in the south.

sudare   *to perspire, to sweat*
C'è troppo caldo; sto sudando.
It's too hot here; I'm sweating.

sufficiente   *enough, sufficient*
La pasta è sufficiente per tutti?
Is the pasta enough for everybody?

suggerire   *to suggest*
Ti suggerisco di vedere questo film.
I suggest that you see this movie.

suolo m.   *ground floor, soil*
Il suolo in questa regione è molto fertile.
The soil in this region is very fertile.

suonare   *to ring*
Quando arrivate, suonate il campanello.
When you arrive, ring the doorbell.

suonare   *to play (an instrument)*
Suona il pianoforte da quando era bambino.
He's been playing the piano ever since he was a child.

suono m.   *sound*
Mi piace il suono del sassofono.
I like the sound of the saxophone.

sveglia f.   *alarm clock*
Sai se funziona la sveglia quando il telefonino è spento?
Do you know if the alarm clock works when the cell phone is turned off?

svegliarsi   *to wake up*
Stamattina mi sono svegliata alle cinque.
This morning I woke up at five.

T

tabacco m.   *tobacco*
Il tabacco migliore viene dai Caraibi.
The best tobacco comes from the Caribbean.

tacco m.   *heel*
Preferisco le scarpe con i tacchi alti.
I prefer high-heeled shoes.

taglia f.   *size (clothing)*
Che taglia di pantaloni indossi?
What size pants do you wear?

tagliare   *to cut*
Taglia una fetta di torta.
Cut a slice of cake.

talco m.   *baby powder*
Il talco mi fa starnutire.
Baby powder makes me sneeze.

tappare   *to plug, to cork*
Devo tappare questo buco nel muro.
I have to plug this hole in the wall.

tappeto m.   *rug*
È un tappeto persiano molto pregiato.
It is a very valuable Persian rug.

tappo m.   *cap, lid*
Non dimenticare di rimettere il tappo sul vasetto di pesto.
Don't forget to put the lid back on the jar of pesto.

tardare   *to be long, to be late, to delay*
L'aeroplano tardò due ore a causa della neve.
The plane was delayed two hours because of the snow.

tardi   *late*
È tardi; devo andare.
It's late; I must go.

tariffa f.   *rate, fare*
La tariffa per una notte è 70 dollari.
The rate for one night is $70.

tasca f.   *pocket*
Non camminare con le mani in tasca.
Don't walk with your hands in your pockets.

tascabile   *pocket*
Quando viaggio porto sempre con me un dizionario tascabile.
When I travel I always take a pocket-dictionary with me.

tassa f.   *tax*
Paghiamo troppe tasse.
We pay too many taxes.

tavolo m.   *table*
Metti il vaso sul tavolo.
Put the vase on the table.

taxi m.   *taxi*
Prenderò un taxi.
I will take a cab.

tazza f.   *cup*
Nel pomeriggio bevo sempre una tazza di tè.
In the afternoon I always drink a cup of tea.

teatro m.   *theater*
Stasera vado a vedere uno spettacolo a teatro.
Tonight I'm going to see a show at the theater.

tecnologico/-a   *technological*
Ci sono stati molti progressi tecnologici nella medicina.
There has been much technological progress in medicine.

tegame m.   *pan, saucepan*
Dove hai messo il tegame?
Where did you put the saucepan?

tela f.   *cloth*
È una tela di cotone.
It's a cotton cloth.

telefonata f.   *telephone call*
Ho ricevuto una telefonata da un caro amico.
I received a phone call from a dear friend.

telefonino m.   *cell phone*
Oggi non possiamo vivere senza i telefonini.
Today we cannot live without cell phones.

telefono m.   *telephone*
Dammi un colpo di telefono stasera.
Give me a jingle this evening.

telegiornale m.   *television news*
Il telegiornale è alle 8.00.
The television news is on at 8.00.

televisione f.   *television*
Preferisco navigare su Internet che guardare la televisione.
I prefer to surf the Internet rather than watch the television.

tema m.   *composition*
Il professore ci ha chiesto di scrivere un tema in italiano.
The professor asked us to write a composition in Italian.

temere   *to fear*
È molto coraggioso; non teme nessuno.
He's very brave; he fears no one.

temperatura f.   *temperature*
Qual è la temperatura minima oggi?
What's the low [temperature] today?

tempesta f.   *storm, tempest*
Dopo la tempesta viene il sereno.
After the tempest comes the calm.

tempo m.   *weather*
Che tempo fa da voi?
What's the weather like where you are?

temporale m.   *storm*
Stanotte c'è stato un terribile temporale.
Last night there was a terrible storm.

tenace   *stubborn, tenacious*
Ha un carattere tenace.
Ha has a tenacious character.

tenda f.   *curtain, tent*
Dove posso piantare la tenda?
Where can I pitch the tent?

tenere   *to hold*
Tienimi stretto.
Hold me tight.

tenero/-a   *tender, young, affectionate*
Mia sorella è una persona molto tenera.
My sister is a very tender person.

terminal m.   *terminal*
I voli internazionali partono dal Terminal B.
International flights leave from Terminal B.

terminare   *to finish, to end*
Ho terminato l'università a 24 anni.
I finished studying at the university at 24.

terra f.   *earth, soil, ground*
Il contadino ara la terra.
The farmer ploughs the soil.

terrazza f.   *terrace*
La casa ha una terrazza spaziosa.
The house has a spacious terrace.

terremoto m.   *earthquake*
In Sicilia ci sono spesso terremoti.
In Sicily there are often earthquakes.

terribile   *terrible*
La TV mostra spesso disastri terribili.
The TV often shows terrible disasters.

tesoro m.   *treasure*
Ai Musei Vaticani ci sono tesori di inestimabile valore.
In the Vatican Museums there are priceless treasures.

tessera f.   *card*
Per entrare in questo locale occorre una tessera.
To get into this club you need a membership card.

testardo/-a   *stubborn*
È una persona estremamente testarda.
He's an extremely stubborn person.

testimone m. & f.   *witness*
Il testimone fu interrogato per ore.
The witness was questioned for hours.

tetto m.   *ceiling, roof*
Dormiamo sotto lo stesso tetto.
We sleep under the same roof.

tiepido/-a   *warm, mild*
Il cappuccino è tiepido.
The cappuccino is lukewarm.

timbrare   *to stamp, postmark*
Deve timbrarmi il passaporto?
Do you need to stamp my passport?

timido/-a   *shy, timid*
Le persone timide hanno difficoltà a fare amicizia.
Shy people have trouble making new friends.

tipico/-a   *typical*
È un vino tipico della mia regione.
It's a typical wine of my region.

tipo m.   *type, fellow*
È un tipo strano.
He's a strange fellow.

tirare   *to pull*
Tira la corda.
Pull the rope.

tirare   *to throw*
Tira il pallone.
Throw the ball.

toccare   *to touch*
Le sculture non si possono toccare.
The sculptures cannot be touched.

tomba f.   *grave*
Hai visitato la tomba di Manzoni?
Have you visited Manzoni's tomb?

torcere   *to twist, to wring*
È una persona odiosa; gli torcerei il collo!
He's an odious person; I would wring his neck!

torre f.   *tower*
Non ho potuto salire sulla Torre di Pisa.
I couldn't climb the Tower of Pisa.

torrente m.   *stream*
Il torrente attraversa il paese.
The stream crosses the town.

torto m.   *wrong*
Mi dispiace ma hai torto.
I'm sorry but you're wrong.

tovaglia f.   *tablecloth*
Ho rovesciato il vino sulla tovaglia.
I spilled wine on the tablecloth.

tovagliolo m.   *napkin*
Vorrei imparare a piegare i tovaglioli come fanno al ristorante.
I'd like to learn how to fold napkins the way they do in restaurants.

tra   *between, among*
Tra Fabrizio e Giovanni preferisco Fabrizio.
Between Fabrizio and Giovanni I prefer Fabrizio.

tra   *in (amount of time)*
Il treno parte tra dieci minuti.
The train leaves in ten minutes.

traccia f.   *trace, sign*
Il ladro non ha lasciato tracce.
The thief didn't leave any traces.

tradimento m.   *treason, betrayal*
È difficile perdonare un tradimento.
It's difficult to forgive a betrayal.

tradizionale   *traditional*
La Sardegna ha bellissimi costumi tradizionali.
Sardinia has beautiful traditional costumes.

tradurre   *to translate*
È molto difficile tradurre le poesie.
It's very difficult to translate poems.

traduttore/-trice   *translator*
È un traduttore dall'inglese all'italiano.
He is a translator from English into Italian.

trafficante di droga m. & f.   *drug dealer*
Il governo ha dichiarato guerra ai trafficanti di droga.
The government has declared war on drug dealers.

traffico m.   *traffic*
Le grandi città hanno problemi di traffico.
Big cities have traffic problems.

traghetto m.   *ferry boat*
A che ora parte il traghetto per la Sardegna?
At what time does the ferry to Sardinia leave?

trama f.   *plot*
La trama di questo film è molto complicata.
The plot of this movie is very complicated.

tranquillo/-a   *calm, peaceful*
Carlo è molto ansioso; non è mai tranquillo.
Carlo is very anxious; he's never calm.

traslocare   *to move (house)*
Abbiamo traslocato da poco.
We recently moved.

trasporto m.   *transport*
È una città ben collegata, con tanti mezzi di trasporto.
It's a well connected city, with many means of transportation.

treccia f.   *plait*
Porta le trecce.
She wears her hair in plaits.

tremare   *to tremble, to shake*
Tremo dal freddo.
I'm shaking from the cold.

treno m.   *train*
Viaggiare in treno mi rilassa.
Traveling by train relaxes me.

triangolo m.   *triangle*
Il triangolo ha tre lati.
A triangle has three sides.

tribunale m.   *court of law*
È stato citato in tribunale da sua moglie.
He was taken to court by his wife.

triste   *sad*
È triste che si siano lasciati.
It's very sad that they split up.

trucco m.   *make-up*
Sono allergica al trucco.
I'm allergic to make-up.

tunnel m.   *tunnel*
Il tunnel del Monte Bianco è molto lungo.
The Mont Blanc Tunnel is very long.

tuono m.   *thunder*
I tuoni annunciano tempesta.
Thunderclaps announce a storm.

turista m. & f.   *tourist*
In estate le spiagge sono affollate di turisti.
In summer beaches are crowded with tourists.

turistico/-a   *touristy*
Non mi piacciono i luoghi turistici.
I don't like touristy places.

tuttavia   *but, nevertheless*
Non è un quartiere pericoloso, tuttavia è meglio non uscire soli la notte.
It's not a dangerous neighborhood, but you'd better not go out alone at night.

tutti pl.   *all, everyone*
Tutti vogliono essere felici.
Everyone wants to be happy.

tutto/-a   *all, whole*
Vuole mangiarlo tutto lei.
She wants to eat all of it.

U

ubbidiente   *obedient, compliant*
Mio figlio è molto ubbidiente.
My son is very obedient.

ubbidire   *to obey*
Questo cane non ubbidisce.
This dog does not obey.

ubriacare   *to get drunk, to make drunk*
Un bicchiere di vino è sufficiente ad ubriacarmi.
A glass of wine is sufficient to make me drunk.

uccidere   *to kill*
Questo veleno uccide le lumache.
This poison kills snails.

udente   *hearing*
È non udente dalla nascita.
He has been hearing-impaired since birth.

udibile   *audible*
La tua voce è appena udibile.
Your voice is barely audible.

udienza f.   *hearing, sitting*
Fu un'udienza molto difficile.
It was a very difficult hearing.

udire   *to hear*
Ho udito uno strano suono.
I heard a strange sound.

uffa   *ooh, oof, phew*
Uffa, come sei noioso!
Ooh, you're such a bore!

ufficiale   *official*
È ufficiale, si sposeranno in primavera.
It's official, they are getting married in the spring.

ufficio m.   *office*
Il mio ufficio è al secondo piano.
My office is on the second floor.

ufficio informazioni m.   *information office*
In centro c'è un ufficio informazioni.
There's an information office downtown.

ufficio postale m.   *post office*
C'è un pacco per te all'ufficio postale.
There's a parcel for you at the post office.

uguaglianza f.   *equality*
Combattiamo per l'uguaglianza dei generi.
We fight for gender equality.

uguagliare   *to equal*
Il suo record non è mai stato uguagliato.
His record has never been equaled.

uguale   *equal, same, like*
Ho un computer uguale al suo.
I have a computer just like his.

ultimamente   *lately*
Ultimamente sono stato molto impegnato.
Lately I have been very busy.

ultimo/-a   *last*
L'ultima volta che sono stato a Parigi era nel 2000.
The last time I went to Paris was in 2000.

ultrapiatto/-a   *ultra-flat*
È uno schermo ultrapiatto.
It's an ultra-flat screen.

ultrarapido/-a   *high-speed*
È un treno ultrarapido.
It's a high-speed train.

ultraresistente   *ultra-resistant*
È un vetro ultraresistente.
It's an ultra-resistant glass.

ultrasonico/-a   *ultrasonic, supersonic*
I caccia raggiungono una velocità ultrasonica.
Jet fighters reach a supersonic speed.

umano/-a   *human*
Il corpo umano è una macchina incredibile.
The human body is an amazing machine.

umidità f.   *humidity*
C'è un tasso di umidità molto alto.
The humidity level is very high.

umido/-a   *humid, damp*
Il mio costume da bagno è ancora umido.
My bathing suit is still damp.

umiliare   *to humiliate*
Mi ha umiliato di fronte a tutti.
He humiliated me in front of everybody.

umiliazione f.   *humiliation*
Questa sconfitta è stata per lui una grande umiliazione.
This defeat has been a great humiliation for him.

umiltà f.   *modesty, humbleness*
L'umiltà è una grande virtù.
Modesty is a great virtue.

umore m.   *mood*
Oggi sono di cattivo umore.
Today I'm in a bad mood.

umorismo m.   *humor*
Non ha nessun senso dell'umorismo.
He doesn't have any sense of humor.

umorista m. & f.   *humorist*
È un brillante umorista.
He's a witty humorist.

uncino m.   *hook*
Capitan Uncino è l'antagonista di Peter Pan.
Captain Hook is Peter Pan's enemy.

ungere   *to grease, to butter*
Ungi la teglia prima di cuocere la torta.
Grease the pan before you bake the cake.

unico/-a   *only, unique*
Questa è l'unica copia del libro.
This is the only copy of the book.

uniforme f.   *uniform*
Devo andare al lavoro in uniforme.
I have to go to work in a uniform.

unione f.   *union*
Dalla loro unione è nata una bambina.
A daughter was born out of their union.

unire   *to unite, to join*
Posso unirmi a voi?
Can I join you?

unisex *unisex*
Questa giacca è unisex.
This jacket is unisex.

unità f. *unit*
Quante unità ha il libro di italiano?
How many units does the Italian book have?

unito/-a *united*
Il paese non è unito.
The country is not united.

universale *universal*
La musica è un linguaggio universale.
Music is a universal language.

università f. *university*
Studio all'Università di Bologna.
I study at the University of Bologna.

universitario/-a *university*
Mio padre è professore universitario.
My dad is a university professor.

universo m. *universe*
Quante stelle ci sono nell'universo?
How many stars are there in the universe?

unto/-a *greasy*
Questo piatto è unto.
This plate is greasy.

uomo m. *man*
È un uomo molto affascinante.
He's a very fascinating man.

urbanistica f. *city planning*
Mio zio si occupa di urbanistica.
My uncle is responsible for city planning.

urbano/-a *urban*
Non ci credo; è una leggenda urbana.
I don't believe it; it's an urban legend.

urgente(mente) *urgent(ly)*
Chiamami subito, è urgente.
Call me immediately, it's urgent.

urgenza f.   *emergency*
In caso di urgenza chiamami.
In the event of an emergency call me.

urinare   *to urinate*
Il cane ha urinato in corridoio.
The dog urinated in the hallway.

urlare   *to scream, to shout*
Per favore, non urlare.
Please, don't shout.

urlo m. (f. pl.-a)   *cry, shout*
Ha lanciato un urlo di sorpresa.
She gave a shout of surprise.

urtare   *to irritate, to bump*
Sono urtato dal suo comportamento.
His behavior irritates me.

usanza f.   *custom*
È un'antica usanza spagnola.
It's an ancient Spanish custom.

usare   *to use*
Posso usare il tuo telefono?
May I use your phone?

usato/-a   *second-hand, used*
Non mi piace indossare abiti usati.
I don't like to wear second-hand clothes.

uscire   *to go out*
Esco tutti i fine settimana.
I go out every weekend.

uscita f.   *exit*
Mi scusi, dov'è l'uscita?
Excuse me, where's the exit?

uso m.   *use*
Ti mostro l'uso della lavastoviglie.
I'll show you how to use the dishwasher.

ustione f.   *burn*
Ha ustioni su tutto il corpo.
He has burns all over his body.

utensili m. pl.   *utensils*
Abbiamo tanti utensili da cucina.
We have many kitchen utensils.

utile   *useful*
Grazie, il tuo aiuto è stato molto utile.
Thanks, your help has been very useful.

utilizzare   *to use*
Mia mamma non sa utilizzare il computer.
My mother doesn't know how to use the computer.

utopia f.   *utopia, pipe dream*
Purtroppo la pace nel mondo è un'utopia.
Unfortunately world peace is a pipe dream.

V

vacanze f. pl.   *vacation, holiday*
Dove passerai le vacanze estive?
Where are you going to spend your summer vacation?

vacanziero/-a   *festive*
C'è un'atmosfera vacanziera.
There's a festive atmosphere.

vagabondare   *to wander*
Mi piace vagabondare per i boschi.
I like wandering through the woods.

vagamente   *vaguely*
Ti ricordi di lui? -Vagamente.
Do you remember him? -Vaguely.

vagire   *to wail*
Il bambino incominciò a vagire nella culla.
The baby started to wail in the cradle.

vagone (del treno) m.   *train car*
Nel vagone non c'era aria condizionata.
There was no air conditioning in the train car.

valere   *to be worth*
Questo quadro vale una fortuna.
This painting is worth a fortune.

valido/-a   *valid*
Questo documento non è valido.
This document is not valid.

valigia f.   *suitcase*
La mia valigia è troppo pesante.
My suitcase is too heavy.

valle f.   *valley*
Che bella valle verde!
What a beautiful green valley!

valore m.   *value, courage, bravery*
È un oggetto di nessun valore.
It's an object of no value.

valorizzare   *increase the value, exploit*
Il nuovo progetto ha valorizzato il fronte del porto.
The new project increased the value of the waterfront.

valuta f.   *currency*
Che valuta si usa in Svezia?
What currency is used in Sweden?

valutazione f.   *assessment, valuation*
La scuola utilizza una serie di test per la valutazione degli
studenti.
The school uses a variety of tests for the assessment of students.

valvola f.   *valve*
Bisogna sostituire questa valvola.
This valve has to be replaced.

vampata f.   *blaze, flash*
Ci fu un'improvvisa vampata di calore.
There was a sudden burst of heat.

vanitoso/-a   *vain*
Mia sorella è vanitosa, sta sempre davanti allo specchio.
My sister is vain, she's always in front of the mirror.

vantaggio m.   *advantage*
Parlare molte lingue è un vantaggio.
Being able to speak several languages is an advantage.

vantarsi   *to show off, to brag*
Si vanta sempre delle sue conquiste femminili.
He always brags about his female conquests.

vapore m.   *steam*
La stanza era piena di vapore.
The room was full of steam.

vaporoso/-a   *gauzy, filmy*
Indossa sempre abiti vaporosi.
She always wears gauzy dresses.

variare   *to vary*
Le tradizioni variano di paese in paese.
Traditions vary from country to country.

vario/-a   *several*
Ci sono varie grammatiche di italiano in biblioteca.
There are several Italian grammar books in the library.

vasca (da bagno) f.   *bathtub*
Ho pulito la vasca da bagno.
I cleaned the bathtub.

vaso m.   *vase, pot*
Carla ha molti bei vasi cinesi.
Carla has many fine Chinese vases.

vecchio/-a   *old, old man/woman*
La mia macchina è molto vecchia.
My car is very old.

vedere   *to see, to watch*
Vai a vedere se sono tornati.
Go see if they have come back.

vegetariano/-a   *vegetarian*
Non mangio carne. Sono vegetariano.
I don't eat meat. I'm a vegetarian.

veicolo m.   *vehicle*
Lo smog è causato dai veicoli.
Smog is caused by vehicles.

veleno m.   *poison*
La strega aveva nascosto il veleno sotto lo scialle.
The witch had hidden the poison beneath her shawl.

velenoso/-a   *poisonous*
In Sardegna non ci sono serpenti velenosi.
In Sardinia there are no poisonous snakes.

2001 Most Useful Italian Words

169

velina f.   *starlet*
Fa la velina in un programma televisivo.
She's a starlet on a TV program.

velocità f.   *speed*
La velocità della luce è la massima possibile.
The speed of light is the fastest of all.

vendere   *to sell*
Dove vendono i francobolli?
Where do they sell stamps?

vendita f.   *sale*
Questo appartamento è in vendita.
This apartment is for sale.

venire   *to come*
Vieni domani alla festa?
Are you coming to the party tomorrow?

ventilatore m.   *fan*
Puoi spegnere il ventilatore quando esci?
Can you turn off the fan when you leave?

vento m.   *wind*
Lo scirocco è un vento del sud.
The scirocco is a southern wind.

vergine   *virgin*
È un territorio vergine.
It's virgin territory.

verginità f.   *virginity*
La verginità viene considerata importante in alcune culture.
Virginity is considered important in some cultures.

vergogna f.   *shame*
Non hai vergogna per quello che hai fatto?
Aren't you ashamed for what you've done?

vergognoso/-a   *shameful, bashful, ashamed of*
Maria non ama ballare; è molto vergognosa.
Maria doesn't like dancing; she's very bashful.

verificare   *to verify*
Bisogna verificare le fonti dell'informazione.
It is important to verify one's sources of information.

verità f.   *truth*
Preferisco che tu mi dica la verità.
I prefer that you tell me the truth.

vertice m.   *summit, top*
I capi di Stato hanno partecipato al vertice economico.
The heads of state participated in the economic summit.

vertigine f.   *dizziness, giddiness*
Questa medicina causa vertigini e nausea.
This medicine causes dizziness and nausea.

vestire   *to dress*
Prima di tutto devo vestire mia figlia.
First of all I need to dress my daughter.

vestirsi   *to get dressed*
Faccio sempre colazione prima di vestirmi.
I always have breakfast before I get dressed.

viaggiare   *to travel*
Viaggiare è una mia passione.
Traveling is one of my passions.

viaggio (d'affari) m.   *(business) trip*
È sempre impegnato in viaggi d'affari.
He's always tied up in business trips.

vicinato m.   *neighborhood*
Credo che molto dipenda dal vicinato.
I think a lot depends on the neighborhood.

vicino/-a m./f.   *neighbor*
Hai conosciuto i nuovi vicini?
Have you met the new neighbors?.

vicino a   *close to*
Vieni vicino a me.
Come close to me.

videogioco m.   *video/computer game*
I miei figli sono appassionati di videogiochi.
My children love videogames.

videoregistratore m.   *video recorder*
I videoregistratori non si usano quasi più.
Video recorders are hardly used anymore.

vigile (urbano) m.   *traffic policeman*
Puoi chiedere le direzioni al vigile urbano.
You can ask the traffic policeman for directions.

vincere   *to defeat, to win, to vanquish*
La mia squadra preferita ha vinto la partita.
My favorite team won the match.

violenza f.   *violence*
La violenza non è mai una soluzione.
Violence is never a solution.

virus m.   *virus*
Penso di avere un virus.
I think I have a virus.

vischioso/-a   *sticky*
La resina è una sostanza vischiosa prodotta dagli alberi.
Resin is a sticky substance produced by trees.

visitare   *to visit*
Hai visitato Firenze?
Have you been to Florence?

vista f.   *view, eyesight*
La vista della città dalla collina è bellissima.
The view of the city from the hill is beautiful.

vistoso/-a   *showy, gaudy*
Il giallo è un colore troppo vistoso.
Yellow is a very gaudy color.

vita f.   *life*
Il film di Benigni intitolato "La vita è bella" ha avuto un grande
    successo.
Benigni's film, "Life Is Beautiful", was a great success.

vittima m. & f.   *victim*
La guerra ha causato molte vittime.
The war produced many victims.

vittoria f.   *victory*
È stata una vittoria schiacciante.
It was an overwhelming victory.

vivace   *lively*
Marco è un bambino molto vivace.
Marco is a very lively child.

vivere   *to live*
Dove vivi?
Where do you live?

vocazione f.   *vocation, calling*
Per lui il lavoro di medico è una vocazione.
For him being a doctor is a vocation.

voce f.   *voice*
Ha una voce rauca.
Her voice is hoarse.

volare   *to fly*
Sogno spesso di volare.
I often dream of flying.

volo m.   *flight*
Il volo era in ritardo.
The flight was late.

volontà f.   *will*
Ha una forte volontà.
He has a strong will.

volta f.   *time (instance)*
Sono stato a Milano solo una volta.
I've been to Milan just once.

volto m.   *face*
Ha un volto da attrice.
She has the face of an actress.

volume m.   *volume*
Puoi abbassare il volume?
Can you turn down the volume?

vortice m.   *whirl*
È preso nel vortice degli affari.
He's caught up in the whirl of business.

voto m.   *vote*
Ha vinto con la maggiornaza dei voti.
She won with the majority of votes.

vulcano m.   *volcano*
Qual è il vulcano più alto d'Europa?
What is the highest volcano in Europe?

vuoto/-a   *empty*
L'autobus era quasi vuoto.
The bus was almost empty.

W

water m.   *toilet*
La tazza del water deve essere cambiata.
The toilet bowl needs to be changed.

Z

zaino m.   *backpack*
Il mio zaino è pieno di libri.
My backpack is full of books.

zampa f.   *paw*
Il mio cane si è fatto male alla zampa.
My dog hurt its paw.

zanna f.   *tusk*
Le zanne degli elefanti sono fatte di avorio.
Elephant tusks are made of ivory.

zanzariera f.   *mosquito net*
Tutte le stanze sono dotate di zanzariera.
All the rooms are equipped with mosquito nets.

zerbino m.   *doormat*
Pulisciti le scarpe sullo zerbino.
Wipe your shoes on the doormat.

zittire   *to hiss, to silent, to hush*
Mi ha zittito con uno sguardo.
He silenced me with a look.

zodiacale   *zodiacal*
Qual è il tuo segno zodiacale?
What's your zodiac sign?

zona f.   *area*
Parte del centro è zona pedonale.
Part of the downtown is a pedestrian-only area.

zoo m.   *zoo*
Lo zoo di Roma è uno dei più vecchi in Europa.
The Rome zoo is one of the oldest in Europe.

zoppo/-a   _lame_
È zoppo nella gamba destra.
He's lame in his right leg.

zuccata f.   _head butt, knock on the head_
Ho dato una zuccata contro il muro.
I knocked my head against the wall.

zuccherare   _to sweeten_
Hai già zuccherato il caffè?
Did you already put sugar in the coffee?

zuffa f.   _brawl, fight_
Ci fu una zuffa fra tifosi.
A brawl broke out among the fans.

zuppo/-a   _soaked, drenched_
I miei vestiti sono zuppi.
My clothes are soaked.

Category Section

SALUTI	m. pl.	GREETINGS
Addio	inf., formal	*good-bye, farewell*
Arrivederci	formal	*good-bye*
Buonanotte	formal	*good night*
Buonasera	formal	*good evening*
Buongiorno	formal	*good morning*
Buon pomeriggio	formal	*good afternoon*
Ciao	inf.	*hello, hi, good-bye, bye*
Salve	formal	*hello*

DOMANDE COMUNI	f. pl.	COMMON QUESTIONS
Come ti chiami?/Come si chiama?	inf./formal	*What's your name?*
Di dove sei/è?	inf./formal	*Where are you from?*
Dove abiti/-a?	inf./formal	*Where do you live?*
Qual è il tuo/suo indirizzo?	inf./formal	*What's your address?*
Qual è il tuo/suo numero di telefono?	inf./formal	*What's your telephone number?*
Parli/-a inglese?	inf./formal	*Do you speak English?*
Puoi/Può parlare (più) lentamente, per favore?	inf./formal	*Can you speak [more] slowly, please?*
Puoi/Può ripetere per favore?	inf./formal	*Can you repeat please?*

ANIMALI	m. pl.	ANIMALS
anatra	f.	*duck*
ape	f.	*bee*
asino	m.	*donkey*
cane/cagna	m./f.	*dog/bitch*
capra	f.	*goat*
cavallo/cavalla	m./f.	*horse/mare*
cervo	m.	*deer*
coniglio	m.	*rabbit*
corvo	m.	*crow*
fagiano	m.	*pheasant*
formica	f.	*ant*
gallina/gallo	f./m.	*hen/rooster*
gatto	m.	*cat*
insetto	m.	*insect*
lucertola	f.	*lizard*
lupo	m.	*wolf*
maiale/scrofa	m./f.	*pig/sow*
mosca	f.	*fly*
mucca, vacca/toro	f./m.	*cow/bull*
pecora	f.	*sheep*
pesce	m.	*fish*
piccione	m.	*pigeon*
ragno	m.	*spider*
rana	f.	*frog*
scarafaggio	m.	*cockroach*
scorpione	m.	*scorpion*
serpente	m.	*snake*
squalo	m.	*shark*
tacchino	m.	*turkey*
topo	m.	*mouse*
uccello	m.	*bird*
vipera	f.	*viper*

zanzara	f.	*mosquito*
zecca	f.	*tick*

IL CORPO	**m.**	***THE BODY***
appendice	f.	*appendix*
arteria	f.	*artery*
baffi	m. pl.	*moustache*
barba	f.	*beard*
bocca	f.	*mouth*
braccio	m.	*arm*
capelli	m. pl.	*hair*
caviglia	f.	*ankle*
cervello	m.	*brain*
collo	m.	*neck*
coscia	f.	*thigh*
costola	f.	*rib*
cuore	m.	*heart*
dente	m.	*tooth*
dito	m.	*finger*
dito del piede	m.	*toe*
faccia	f.	*face*
fegato	m.	*liver*
fianco	m.	*hip*
gamba	f.	*leg*
gengiva	f.	*gum*
ginocchio	m.	*knee*
gola	f.	*throat*
gomito	m.	*elbow*
guancia	f.	*cheek*
intestino	m.	*intestine*
labbro, labbra	m., pl. f.	*lip, lips*
lingua	f.	*tongue*
mandibola	f.	*jaw*

mano	f.	*hand*
mascella	f.	*jaw*
mento	m.	*chin*
narice	f.	*nostril*
naso	m.	*nose*
natiche	f. pl.	*buttocks*
occhio	m.	*eye*
ombelico	m.	*belly button*
orecchio	m.	*ear*
osso	m.	*bone*
ovaia	f.	*ovary*
palpebra	f.	*eyelid*
pancia	f.	*belly, stomach*
pelle	f.	*skin*
pene	m.	*penis*
petto	m.	*chest, breast*
piede	m.	*foot*
polmone	m.	*lung*
polpaccio	m.	*calf*
rene	m.	*kidney*
retto	m.	*rectum*
sangue	m.	*blood*
schiena	f.	*back*
seno	m.	*breast*
sopracciglia	f. pl.	*eyebrows*
spalla	f.	*shoulder*
stomaco	m.	*stomach*
tallone	m.	*heel*
testa	f.	*head*
unghia	f.	*nail*
utero	m.	*uterus*
vagina	f.	*vagina*
vena	f.	*vein*

vita	f.	*waist*
zigomo	m.	*cheekbone*
GLI ABITI	**m. pl.**	*CLOTHES*
abito da donna	m.	*dress*
abito da uomo	m.	*men's suit*
accappatoio	m.	*bathrobe*
berretto	m.	*cap*
calzatura	f.	*footwear*
calzino	m.	*sock*
camicetta	f.	*blouse*
camicia	f.	*shirt*
camicia da notte	f.	*nightgown*
canottiera	f.	*undershirt*
cappello	m.	*hat*
cappotto	m.	*overcoat*
cintura	f.	*belt*
collant	m.	*pantyhose*
costume da bagno	m.	*bathing suit*
cravatta	f.	*necktie*
farfallino	m.	*bow tie*
felpa	f.	*sweatshirt*
giacca	f.	*jacket*
gonna	f.	*skirt*
guanto	m.	*glove*
impermeabile	m.	*raincoat*
mutande	f. pl.	*underpants, briefs*
pantaloncini	m. pl.	*shorts*
pantaloni	m. pl.	*trousers, pants*
pantofole	f. pl.	*slippers*
pigiama	m.	*pajamas*
reggiseno	m.	*bra*
sandali	m. pl.	*sandals*

scarpe (da tennis)	f. pl.	*(tennis) shoes*
scialle	m.	*shawl*
sciarpa	f.	*scarf*
smoking	m.	*tuxedo*
sottana	f.	*skirt*
stivali	m. pl.	*boots*
tailleur	m.	*women's suit*
tasca	f.	*pocket*
vestito	m.	*dress*
zoccolo	m.	*clog*

COLORI — m. pl. — *COLORS*

arancione	*orange*
azzurro	*light blue*
bianco	*white*
blu	*blue*
giallo	*yellow*
grigio	*gray*
marrone	*brown*
nero	*black*
rosa	*pink*
rosso	*red*
verde	*green*
viola	*purple*

LA FAMIGLIA — f. — *THE FAMILY*

antenato/-a		*ancestor*
babbo	m.	*father, dad*
cognato/-a		*brother/sister-in-law*
cugino/-a		*cousin*
figlio/-a		*son/daughter*
fratellastro	m.	*stepbrother*
fratello	m.	*brother*

genero	m.	*son-in-law*
genitori	m. pl.	*parents*
madre	f.	*mother*
madrina	f.	*godmother*
mamma	f.	*mother, mom*
marito/moglie		*husband/wife, spouse*
matrigna	f.	*stepmother*
nipote	m./f.	*grandson, nephew/ grandaughter, niece*
nonno/-a		*grandfather/grandmother*
nuora	f.	*daughter-in-law*
padre	m.	*father*
padrino	m.	*godfather*
papà	m.	*father, dad*
parente	m.	*relative*
patrigno	m.	*stepfather*
sorella	f.	*sister*
sorellastra	f.	*stepsister*
suocero/-a		*father/mother-in-law*
zio/-a		*uncle/aunt*

IL CIBO	**m.**	**FOOD**
Frutta e verdura	*f.*	***Fruits & vegetables***
aglio	m.	*garlic*
albicocca	f.	*apricot*
ananas	f.	*pineapple*
anguria, cocomero	f., m.	*watermelon*
arancia	f.	*orange*
asparago	m.	*asparagus*
avocado	m.	*avocado*
banana	f.	*banana*
broccoli	m. pl.	*broccoli*

carciofo	m.	*artichoke*
carota	f.	*carrot*
cavolfiore	m.	*cauliflower*
cavolo	m.	*cabbage*
ceci	m. pl	*chickpeas*
cetriolo	m.	*cucumber*
ciliegia	f.	*cherry*
cipolla	f.	*onion*
cocco	m.	*coconut*
fagiolo	m.	*bean*
fico	m.	*fig*
fragola	f.	*strawberry*
frutta	f.	*fruit*
fungo	m.	*mushroom*
lampone	m.	*raspberry*
lattuga	f.	*lettuce*
legume	m.	*legume*
lenticchie	f. pl.	*lentils*
limone	m.	*lemon*
mais	m.	*corn*
mandarino	m.	*mandarin orange*
mandorla	f.	*almond*
mela	f.	*apple*
melanzana	f.	*eggplant*
nocciola	f.	*hazelnut*
nocciolina	f.	*peanut*
noce	f.	*walnut*
oliva	f.	*olive*
patata	f.	*potato*
peperoncino	m.	*chili pepper*
peperone	m.	*pepper*
pera	f.	*pear*
pesca	f.	*peach*

piselli	m. pl.	*peas*
pomodoro	m.	*tomato*
pompelmo	m.	*grapefruit*
prugna	f.	*plum*
puré (di patate)	m.	*purée, mashed potatoes*
ravanello	m.	*radish*
sedano	m.	*celery*
spinaci	m. pl.	*spinach*
uva	f	*grapes*
uva passa	f.	*raisin*
zucca	f.	*pumpkin*
zucchina	f.	*zucchini*

Uova e latticini	*m. pl.*	*Eggs & dairy products*
burro	m.	*butter*
crema	f.	*cream*
formaggio	m.	*cheese*
gelato	m.	*ice cream*
latte (scremato)	m.	*(skim) milk*
margarina	f.	*margarine*
panna (montata)	f.	*(whipped) cream*
tuorlo	m.	*egg yolk*
uovo (strapazzato, fritto)	m.	*(scrambled, fried) egg*
yogurt	m.	*yogurt*

Carne e pesce	*f. & m.*	*Meat & seafood*
acciuga	f.	*anchovy*
agnello	m.	*lamb*
aragosta	f.	*lobster*
baccalà	m.	*cod, haddock*
bistecca	f.	*steak*
branzino	m.	*sea bass*
calamari	m. pl.	*squid*

carne (di manzo, di vitello, di maiale)	f.	*meat (beef, veal, pork)*
filetto	m.	*minute steak, cutlet*
gamberetto	m.	*shrimp*
gambero	m.	*prawn*
granchio	m.	*crab*
hamburger	m.	*hamburger*
maiale	m.	*pork*
maialino da latte	m.	*suckling pig*
manzo	m.	*beef*
montone	m.	*mutton*
pancetta	f.	*bacon*
petto di pollo	m.	*chicken breast*
pollo	m.	*chicken*
polpette	f. pl.	*meatballs*
prosciutto	m.	*ham*
salsiccia	f.	*sausage*
tonno	m.	*tuna*
vitello	m.	*veal*
vongole	f. pl.	*clams*

Altri prodotti/termini	***m. pl.***	***Other items/terms***
aceto	m.	*vinegar*
alloro	m.	*bay leaf*
antipasto	m.	*appetizer*
arrosto	m.	*roast*
avena	f.	*oats*
barbecue	m.	*barbecue*
basilico	m.	*basil*
biscotto	m.	*cookie, biscuit*
bollito/-a		*boiled*
brodo (di pollo)	m.	*(chicken) broth*
budino	m.	*custard*

cacao	m.	*cocoa*
cannella	f.	*cinnamon*
caramella	f.	*candy*
cereale	m.	*cereal*
chiara (di uovo)	f.	*egg whites*
cioccolato	m.	*chocolate*
condimento	m.	*condiment*
crostata	f.	*pie*
dessert	m.	*dessert*
farina	f.	*flour*
frittella	f.	*fritter*
fritto/-a		*fried*
gelatina	f.	*jelly*
ghiacciolo	m.	*popsicle*
gomma da masticare	f.	*chewing gum*
grano	m.	*wheat*
impanato/-a		*breaded*
insalata	f.	*salad*
lardo	m.	*lard*
macedonia	f.	*(fruit) salad*
maionese	f.	*mayonnaise*
marmellata	f.	*jam*
menta	f.	*peppermint*
miele	m.	*honey*
olio (d'oliva)	m.	*(olive) oil*
pane (integrale)	m.	*(whole wheat) bread*
panino	m.	*sandwich*
pasticcino	m.	*pastry cake*
patatine	f. pl.	*potato chips*
patatine fritte	f. pl.	*french fries*
pepe	m.	*pepper*
prezzemolo	m.	*parsley*
primi	m. pl	*starters, first courses*

riso	m.	*rice*
rosmarino	m.	*rosemary*
sale	m.	*salt*
salsa (di pomodoro)	f.	*(tomato) sauce*
salvia	f.	*sage*
sciroppo	m.	*syrup*
senape	f.	*mustard*
spezie	f. pl.	*spices*
spezzatino	m.	*stew*
timo	m.	*thyme*
torta (di mele)	f.	*(apple) cake*
tramezzino al formaggio	m.	*(cheese) sandwich*
vaniglia	f.	*vanilla*
zafferano	m.	*saffron*
zenzero	m.	*ginger*
zucchero	m.	*sugar*
zuppa	f.	*soup*

Bevande	**f. pl.**	**Drinks, beverages**
acqua (liscia, frizzante, gasata, minerale)	f.	*(flat, sparkling, fizzy, mineral) water*
birra (alla spina)	f.	*beer (on tap)*
birra (imbottigliata)	f.	*(bottled) beer*
caffè	m.	*coffee*
cappuccino	m.	*cappuccino*
cioccolata/o calda/o	f./m.	*hot chocolate*
espresso	m.	*espresso*
latte	m.	*milk*
prosecco	m.	*dry white wine from the hills of Treviso*
succo di frutta	m.	*fruit juice*
tè	m.	*tea*
vino (rosso/bianco)	m.	*(red/white) wine*

PASTI	m. pl.	MEALS
cena	f.	*dinner, supper*
(prima) colazione	f.	*breakfast*
merenda	f.	*snack*
pranzo	m.	*lunch*

SALUTE	f.	HEALTH
agopuntura	f.	*acupuncture*
ascesso	m.	*abscess*
allergia	f.	*allergy*
ambulanza	f.	*ambulance*
ambulatorio	m.	*outpatients' clinic*
analgesico	m.	*painkiller*
analisi	f.	*test*
antibiotico	m.	*antibiotic*
asma	f.	*asthma*
aspirina	f.	*aspirin*
astigmatismo	m.	*astigmatism*
benda	f.	*bandage*
biopsia	f.	*biopsy*
bruciatura	f.	*burn*
bruciore	m.	*burning pain*
calmante	m.	*sedative*
cancro	m.	*cancer*
carie	f.	*cavity*
catarro	m.	*catarrh*
cerotto	m.	*Band-Aid*
colesterolo	m.	*cholesterol*
collirio	m.	*eye drops*
contagioso/-a		*contagious*
contraccettivo	m.	*contraceptive*
contrazione	f.	*contraction*
crampo	m.	*cramp*

cura	f.	*treatment, cure*
dentista	m. & f.	*dentist*
depressione	f.	*depression*
diaframma	m.	*diaphragm*
diagnosi	f.	*diagnosis*
diarrea	f.	*diarrhea*
disinfettante	m.	*disinfectant*
distorsione	f.	*sprain*
dose	f.	*dose*
ecografia	f.	*ultrasound scan*
elettrocardiogramma	m.	*electrocardiogram (EKG)*
emicrania	f.	*migraine*
emorragia	f.	*hemorrhage*
emorroidi	f. pl.	*hemorrhoids*
epatite	f.	*hepatitis*
epilessia	f.	*epilepsy*
ernia	f.	*hernia*
esame	m.	*exam, test*
far male		*to hurt*
febbre	f.	*fever*
ferirsi		*to hurt (oneself)*
ferita	f.	*wound, injury*
ferito/-a		*hurt/injured*
fisioterapia	f.	*physiotherapy*
garza	f.	*gauze*
gengiva	f.	*gum*
gonfio/-a		*swollen*
gravidanza	f.	*pregnancy*
inalatore	m.	*inhaler*
incinta		*pregnant*
indigestione	f.	*indigestion*
infarto	m.	*heart attack*
infezione	f.	*infection*

infiammazione	f.	swelling
influenza	f.	flu
insonnia	f.	insomnia
intervento chirurgico	m.	surgery, operation
intestino	m.	intestine
intossicazione alimentare	f.	food poisoning
lassativo	m.	laxative
lesione	f.	injury, lesion
livido	m.	bruise
mal di testa	m.	headache
malattia	f.	disease, illness
malessere	m.	indisposition
mammografia	f.	mammograph
medicina (generale)	f.	general medicine
mestruazioni	f. pl.	(menstruation) period
movimento intestinale	m.	bowel movement
nausea	f.	nausea
nervo	m.	nerve
operazione	f.	surgery
orticaria	f.	rash, hives
parto	m.	childbirth
pastiglia	f.	pill, tablet
paziente	m. & f.	patient
pillola	f.	pill
preservativo	m.	condom
pressione alta/bassa	f.	high/low blood pressure
pronto soccorso	m.	emergency room
prurito	m.	itch
puntura	f.	injection
radiografia	f.	x-ray
raffreddore	m.	cold
ricetta (medica)	f.	prescription
rompersi (un braccio)		to break (an arm)

sanguinare		*to bleed*
sano/-a		*healthy*
sciroppo (per la tosse)	m.	*(cough) syrup*
siringa	f.	*syringe*
slogare		*to dislocate*
stitichezza	f.	*constipation*
svenire		*to faint*
TAC	f.	*CAT scan*
termometro	m.	*thermometer*
tosse	f.	*cough*
tossire		*to cough*
ulcera	f.	*ulcer*
vaccinazione	f.	*vaccination*
vescica	f.	*blister*
visita	f.	*medical examination*

TECNOLOGIA   f.   *TECHNOLOGY*

accedere		*to log on/in, to access*
accendere		*to turn on*
adattatore	m.	*adaptor*
canale	m.	*channel*
carica batteria	m.	*battery charger*
caricare		*to charge*
caricare (un file)		*to upload (a file)*
cartella	f.	*folder*
cavo	m.	*cable*
cellulare	m.	*cell phone*
cliccare		*to click*
collegarsi (a Internet)		*to log on*
compact disc, CD	m.	*compact disk, CD*
computer portatile	m.	*laptop*
cuffie	f. pl.	*headphones*
digitale		*digital*

disconnettersi		*to log out/off*
disco rigido	m.	*hard disk*
drive esterno	m.	*external drive*
essere connesso/a		*to be connected*
essere in linea		*to be online*
fax	m.	*fax machine*
funzionare		*to work*
impianto stereo	m.	*Hi-Fi*
informatica	f.	*computer science*
Internet	f.	*Internet*
interruttore	m.	*switch*
lettore CD portatile	m.	*portable CD player*
lettore DVD	m.	*DVD player*
lettore MP3	m.	*MP3 player*
macchina fotografica (digitale)	f.	*(digital) camera*
messaggio istantaneo	m.	*instant message*
microfono	m.	*microphone*
mouse	m.	*mouse*
parabola	f.	*satellite dish*
presa	f.	*plug*
proiettore	m.	*projector*
prolunga	f.	*extension (cable)*
registrare		*to record*
registratore	m.	*recorder*
salvare		*to save*
scaricare (un file)		*to download (a file)*
schermo	m.	*screen*
segreteria telefonica	f.	*answering machine*
sito Internet	m.	*Web site*
spegnere		*turn off*
stampante	f.	*printer*
stampare		*to print*

tastiera	f.	*keyboard*
telecomando	m.	*remote control*
telefonino	m.	*cell phone*
televisore	m.	*television set*
trattino	m.	*dash*
videocamera	f.	*camcorder*

NUMERI	**m. pl.**	**NUMBERS**
zero		*zero*
uno		*one*
due		*two*
tre		*three*
quattro		*four*
cinque		*five*
sei		*six*
sette		*seven*
otto		*eight*
nove		*nine*
dieci		*ten*
undici		*eleven*
dodici		*twelve*
tredici		*thirteen*
quattordici		*fourteen*
quindici		*fifteen*
sedici		*sixteen*
diciassette		*seventeen*
diciotto		*eighteen*
diciannove		*nineteen*
venti		*twenty*
ventuno		*twenty-one*
ventidue		*twenty-two*
trenta		*thirty*

trentuno		*thirty-one*
trentadue		*thirty-two*
quaranta		*forty*
cinquanta		*fifty*
sessanta		*sixty*
settanta		*seventy*
ottanta		*eighty*
novanta		*ninety*
cento		*one hundred*
centouno		*one hundred and one*
centodue		*one hundred and two*
duecento		*two hundred*
trecento		*three hundred*
quattrocento		*four hundred*
cinquecento		*five hundred*
seicento		*six hundred*
settecento		*seven hundred*
ottocento		*eight hundred*
novecento		*nine hundred*
mille		*one thousand*
duemila		*two thousand*
centomila		*one hundred thousand*
un milione	m.	*one million*

PAROLE INTERROGATIVE   f. pl.   *QUESTION WORDS*

che cosa?/che?/cosa?	*what?*
come?	*how?*
dove?	*where?*
perché?	*why?*
quale?/-i?	*which?*
quando?	*when?*
quanti?/-e?	*how many?*
quanto?/-a?	*how much?*

PROFESSIONI	f. pl.	OCCUPATIONS
architetto	m. & f.	architect
artista	m. & f.	artist
astronauta	m. & f.	astronaut
attore/-trice		actor/actress
avvocato	m. & f.	lawyer
barbiere	m.	barber
barista	m. & f.	bartender
biologo/-a		biologist
buttafuori	m.	bouncer
cameriere/-a		waiter/waitress
cantante	m. & f.	singer
carabiniere	m.	Italian military corps member
casalinga	f.	housewife
chirurgo	m.	surgeon
commercialista	m. & f.	accountant
cuoco/-a		cook
direttore/-trice		director, manager
dirigente	m. & f.	executive
donna d'affari	f.	business woman
dottore/-ressa		doctor
elettricista	m. & f.	electrician
fabbro	m.	smith
falegname	m.	carpenter
farmacista	m. & f.	pharmacist
fisico	m.	physicist
geologo/-a		geologist
geometra	m. & f.	surveyor
gestore/-trice		manager, operator
giardiniere	m.	gardener
giornalista	m. & f.	journalist
idraulico	m.	plumber

imbianchino/-a		*house painter*
impiegato/-a		*clerk, employee*
infermiere/-a		*nurse*
ingegnere	m. & f.	*engineer*
interprete	m. & f.	*interpreter*
macellaio/-a		*butcher*
meccanico/-a		*mechanic*
medico	m.	*doctor*
muratore	m.	*mason, bricklayer*
musicista	m. & f.	*musician*
negoziante	m. & f.	*storekeeper, shopkeeper*
netturbino/-a	m.	*garbage collector*
notaio	m.	*notary*
oculista	m. & f.	*opthalmologist*
operaio/-a		*laborer*
ortodontista	m. & f.	*orthodontist*
ortolano/-a		*green-grocer, fruit and vegetable vendor*
ortopedico	m.	*orthopedist*
ostetrico/-a		*obstetrician, midwife*
parrucchiere/-a		*hairdresser*
pittore/-trice		*painter*
pilota	m. & f.	*pilot*
poeta/-tessa		*poet*
poliziotto/-a		*policeman/policewoman*
postino/-a	m.	*mailman/mailwoman*
professore/-ressa		*professor*
programmatore/-trice		*programmer*
psichiatra	m. & f.	*psychiatrist*
psicologo/-a		*psychologist*
scrittore/-trice		*writer*
segretario/-a		*secretary*
uomo d'affari	m.	*business man*

| veterinario/-a | | *veterinarian* |
| vigile del fuoco | m. | *fireman* |

SPORT	**m. pl.**	*SPORTS*
arbitro	m. & f.	*referee*
calcio	m.	*soccer*
campo (da tennis)	m.	*(tennis) court*
ciclismo	m.	*cycling*
equitazione	f.	*horse riding*
escursionismo	m.	*hiking*
football americano	m.	*football*
ginnastica	f.	*gymnastics, exercise*
lotta libera	f.	*wrestling*
nuoto	m.	*swimming*
pallacanestro	f.	*basketball*
pallavolo	f.	*volleyball*
pattinaggio artistico	m.	*figure-skating*
pattinaggio su ghiaccio	m.	*ice-skating*
pattinaggio a rotelle	m.	*roller-skating*
pesca	f.	*fishing*
pugilato	m.	*boxing*
scherma	f.	*fencing*
sci	m.	*skiing*
sci d'acqua	m.	*waterskiing*
sci di fondo	m.	*cross-country skiing*
tennis	m.	*tennis*

NEGOZI	**m. pl.**	*STORES*
barbiere	m.	*barber shop*
calzolaio	m.	*cobbler*
calzoleria	f.	*shoe store*
cartoleria	f.	*stationers, office supply store*

edicola	f.	*newsstand*
enoteca	f.	*specialty wine shop*
farmacia	f.	*pharmacy, drugstore*
ferramenta	f.	*hardware store*
fioreria	f.	*florist*
gelateria	f.	*ice-cream shop*
gioielleria	f.	*jewelry store*
lavanderia	f.	*laundromat*
libreria	f.	*bookstore*
macelleria	f.	*butcher shop*
oreficeria	f.	*goldsmith*
panetteria	f.	*bakery*
panificio	m.	*bakery*
parrucchiere	m.	*hair dresser*
pasticceria	f.	*pastry shop, bakery*
pelletteria	f.	*leather goods store*
sartoria	f.	*tailor shop*
supermercato	m.	*supermarket*
tabaccheria	f.	*tobacco shop*
tintoria	f.	*dry cleaner's*

TEMPO	**m.**	**TIME**
anno	m.	*year*
crepuscolo	m.	*dawn*
domani		*tomorrow*
dopodomani		*the day after tomorrow*
ieri		*yesterday*
ieri l'altro		*the day before yesterday*
ieri notte		*last night*
mattina	f.	*morning*
mese	m.	*month*
mezzanotte	f.	*midnight*
mezzogiorno	m.	*noon*

minuto	m.	*minute*
notte	f.	*night*
ora	f.	*hour*
oggi		*today*
pomeriggio	m.	*afternoon*
secondo	m.	*second*
sera	f.	*evening*
settimana	f.	*week*
stamattina		*this morning*
tramonto	m.	*sunset*

GIORNI DELLA SETTIMANA   m. pl.   DAYS OF THE WEEK

lunedì		*Monday*
martedì		*Tuesday*
mercoledì		*Wednesday*
giovedì		*Thursday*
venerdì		*Friday*
sabato		*Saturday*
domenica		*Sunday*
la settimana (prossima)	f.	*(next) week*

MESI   m. pl.   MONTHS

gennaio	*January*
febbraio	*February*
marzo	*March*
aprile	*April*
maggio	*May*
giugno	*June*
luglio	*July*
agosto	*August*
settembre	*September*
ottobre	*October*

| novembre | | *November* |
| dicembre | | *December* |

LE STAGIONI	**f. pl.**	***THE SEASONS***
primavera	f.	*spring*
estate	f.	*summer*
autunno	m.	*autumn*
inverno	m.	*winter*

Italian Grammar Primer

This grammar section offers you a brief and concise overview of Italian grammar. It covers basic elements such as articles, gender agreement, pronouns, and tenses. It represents a good starting point to tackle Italian grammar and can be integrated with a grammar book. The elements covered here will give you the fundamentals of the Italian language. Remember, communication is your most important goal. Don't worry too much if your sentences are not grammatically perfect. Italian people would appreciate your effort to speak their language and they will compliment you. As long as your message is understood you shouldn't worry too much about your grammar.

Italian grammar can at first look difficult, but once you have understood its main components you will see certain regularity in the way it is organized. Like all romance languages you have to practice gender agreement: articles and adjectives must agree with the noun they refer to. Another important part of Italian grammar is verb conjugation. Regular verbs follow a precise pattern that can be easily memorized. For irregular verbs the only solution is memorization. However, once you have acquired a sound for the language, verb conjugation will result naturally.

Remember that the ending of verbs changes according to the subject, io, tu, lui...(I, you, he...) and the repetition of the subject pronouns is not compulsory.

Whenever you have the chance, practice your Italian! The more you speak, the better! While speaking, not only will you enlarge your vocabulary, but you will also assimilate grammar structures.

VOCABULARY TIPS: COGNATES AND FALSE FRIENDS

When learning a new language, you have to pay attention to cognates. Cognates are words that sound similar in different languages.

You will find many Italian words that look similar to English words. English has absorbed many Latin and French words in its vocabulary and this is an advantage when expanding your vocabulary. At times you can notice predictable changes in cognates shared by the two languages. Let's look at some examples:

1. Some words add an extra vowel or an extra consonant and vowel to the English word: cliente, evidente, ignorante, importante, parte, artista, pianista, problema, programma, contatto, perfetto, liquido,…
2. Many words ending in -ty in English end in -tà in Italian: facoltà, libertà, curiosità, società, eternità, capacità, realtà,…
3. Many words ending in -y in English end in -ia, or -io (depending on gender): compagnia, geografia, storia, farmacia, dizionario, ordinario,…
4. Words that end in -tion in English generally end in -zione in Italian: nazione, amministrazione, azione, frizione, sezione, emozione, combinazione, costituzione,…
5. Words that end in -ous in English often end in -oso in Italian: generoso, famoso, prezioso, delizioso, tedioso, contagioso, curioso, scandaloso, religioso,…

However, be aware that often cognates can turn out to be 'false friends' and mean something totally different than what you would think. So be careful when using cognates if you don't want to embarrass yourself.

Here are some false friends:

Caldo does not mean *cold*, but the opposite *hot*.
Attualmente means *currently* or *at present*. The English word "actually" can be rendered in Italian as "a dire il vero", "veramente", "davvero", "sul serio".

A dire il vero non mi piace il pesce!   *I actually don't like fish!*

Eventualmente does not mean *eventually*, but *in case of, in the event of, if need be*.
Sono molto occupato oggi, eventualmente ti chiamo domani. *I'm very busy today, if it's possible I will call you tomorrow.*
Some 'false friends' can be embarrassing. Don't mistake **preservatives** for **preservativi** (condoms). Preservatives in Italian are called **conservanti**!

GENDER, NUMBER, AND AGREEMENT

In Italian all nouns are gendered, even those that refer to objects. Their gender can be masculine or feminine.

Usually words that end in **–o** are masculine:

libro	*book*
tavolo	*table*
quadro	*painting*

Words that end in **–a** are feminine:

casa	*house*
sedia	*chair*
luna	*moon*

Words that end in **–e** can be either masculine or feminine or both. You need to learn the gender of these nouns.

fiore m.	*flower*
carne f.	*meat*
cantante (m.&f.)	*singer*

To form the plural of most Italian nouns, drop the final vowel of the singular form and add **–i** to masculine nouns ending in **–o**, or add **–e** to feminine nouns ending in **–a**. Nouns that end in **–e** drop the final vowel and add **–i** in the plural regardless of the gender.

libro	*book*	libri	*books*
pianta	*plant*	piante	*plants*
ristorante (m.)	*restaurant*	ristoranti	*restaurants*
lezione (f.)	*lesson*	lezioni	*lessons*

Definite article

The definite article refers to a specific person or thing and it corresponds to the English **the.**

masculine singular   **lo** before a masculine singular noun beginning with **z, ps, gn,** or **s**+ another consonant:

lo zucchero	*the sugar*
lo studente	*the student*
lo sport	*the sport*

il before a masculine singular noun beginning with any other consonant:

     il cane   *the dog*

l' before a masculine or feminine singular noun beginning with a vowel:

     l'albero   *the tree*
     l'occhio   *the eye*

feminine singular

la before a feminine singular noun beginning with a consonant:

     la città   *the city*

l' before a feminine noun beginning with a vowel:

     l'aria   *the air*

plural masculine

gli before a masculine plural noun beginning with a vowel or with **z**, **ps**, **gn**, or **s**+ another consonant:

     gli animali   *the animals*
     gli studenti   *the students*
     gli zii   *the aunts and uncles*

i before a masculine plural noun beginning with any other consonant:

     i ragazzi   *the boys*

plural feminine

le before a feminin plural noun:

     le mele   *the apples*

Indefinite article

The indefinite article refers to an unspecified person or thing and it corresponds to the English **a/an**.

masculine

uno before a masculine singular noun beginning with **z**, **ps**, **gn**, or **s**+ another consonant:

     uno zaino   *a backpack*

un before a masculine singular noun beginning with any other consonant:

un gatto   *a cat*

feminine   **una** before a feminine singular noun beginning with a consonant:

una macchina   *a car*

un' (or una) before a feminine singular noun beginning with a vowel:

un'intervista   *an interview*

Adjective agreement

In Italian, articles and adjectives belonging to a noun must agree in gender (masculine or feminine) and number (singular or plural). For this reason it is important to know the gender of nouns. Notice the position of adjectives in Italian. Most adjectives, unlike in English, follow the noun.

Adjectives ending in –o/–a

Adjectives ending in **–o** form the feminine in **–a**. The masculine plural is formed dropping the final **–o** and adding an **–i**; while the feminine plural is formed dropping the final **–a** and adding an **–e**.

masculine singular	Un ragazzo italiano	*An Italian boy*
feminine singular	Una ragazza italiana	*An Italian girl*
masculine plural	Ragazzi italiani	*Italian boys*
feminine plural	Ragazze italiane	*Italian girls*

Adjectives ending in –e

Adjectives that end in **–e** in the singular can be masculine or feminine. The masculine and feminine plural is formed dropping the final **–e** and adding an **–i**.

Mario è intelligente.	*Mario is intelligent.*
Laura è intelligente.	*Laura is intelligent.*
Mario e Claudio sono intelligenti.	*Mario and Claudio are intelligent.*
Maria e Claudia sono intelligenti.	*Maria and Claudia are intelligent.*

When there are both feminine and masculine individuals or objects in a group, masculine adjectives and articles are used.

Mario e Claudia sono intelligenti.   *Mario and Claudia are intelligent.*

PRONOUNS

Subject		Object	Indirect object	Reflexive pronoun
io	*I*	mi	mi	mi
tu	*you*	ti	ti	ti
lui	*he*	lo	gli	si
lei	*she*	la	le	si
Lei*	*you form.*	La	Le	si
noi	*we*	ci	ci	ci
voi	*you pl.*	vi	vi	vi
loro	*they*	li/le	loro, gli	si

A pronoun is a word used instead of a noun to avoid repetition and improve speech flow.

Subject pronouns replace a noun that is the subject of the verb. Remember that in Italian it is not necessary to have an explicit subject. The subject of the sentence is determined by the verb ending, and we use a pronoun only if we want to stress or clarify the subject of the action.

Another important element to consider is that the English pronoun **you** has in Italian an informal and formal form, **tu** and **lei**. *Lei is often capitalized in written language. **Tu** is used to address family members and friends while **lei** is used to address people you have just met or who are older than you or hold a higher position than you. **Lei** must be followed by a verb in the third person. Remember also that, differently from **I** in English, **io** is never capitalized unless it begins a sentence.

Marco, **tu** parli bene l'inglese.
Marco, you speak English well.
Sig. Rossi, **Lei** parla molto bene l'inglese.
Mr. Rossi, you speak English very well.

Note that Italian does not have a direct equivalent of the subject pronoun it. Many impersonal expressions in Italian consist of a single verb.

Piove.	*It's raining.*
È importante.	*It's important.*

Direct object pronouns replace the object of a sentence. They are placed immediately before the verb.

Compro il libro.	*I buy the book.*
Lo compro.	*I buy **it**.*
Vedo Laura tutti i giorni.	*I see Laura every day.*
La vedo tutti i giorni.	*I see **her** every day.*

In two-verb constructions with an infinitive, drop the final **-e** and attach the pronoun to the end of the infinitive.

Ecco la torta! Hai voglia di mangiar**la**?
*Here is the cake! Do you feel like eating **it**?*
La matematica? Non mi piace studiar**la**!
*Math? I don't like studying **it**!*

Indirect object pronouns

Indirect object pronouns replace the indirect object of a sentence. In Italian the indirect object is often introduced by a preposition. Compro il libro **a** Marco. The indirect object pronouns are identical to direct object pronouns except in the third person. The form **le** is used for the feminine and the form **gli** is used for the masculine. Like direct object pronouns they either precede a conjugated verb or are attached to an infinitive.

Le compro un regalo.	*I'll buy **her** a present.*
Devi dar**gli** una buona mancia.	*You have to give **him** a good tip.*

Double pronouns

Direct object pronouns

Indirect object pronouns	lo	la	li	le
mi	**me** lo	**me** la	**me** li	**me** le
ti	**te** lo	**te** la	**te** li	**te** le
Le/gli/le	**glielo**	**gliela**	**glieli**	**gliele**
ci	**ce** lo	**ce** la	**ce** li	**ce** le
vi	**ve** lo	**ve** la	**ve** li	**ve** le
gli	**glielo**	**gliela**	**glieli**	**gliele**

Double pronouns are a combination of direct and indirect objects. When combined with the direct object pronouns the -**i** in the indirect object pronouns **mi**, **ti**, **ci**, and **vi** changes into an -**e**. **Le**, **gli**, and **le** combined with a direct object pronoun form a single word beginning with **glie**. The indirect object always precedes the direct object.

Te lo compro domani. *I'll buy **it to you** tomorrow.*
Gliel'ho già detto. *I've already told **him**.*

Reflexive pronouns

Reflexive pronouns are used with reflexive verbs. The action of a reflexive verb is reflected on the subject. You can recognize reflexive verbs by their infinitive form that ends with the reflexive pronoun –**si**, as in the verb **alzarsi** (get up).

Reflexive pronouns

Io	**mi**	alzo	I get (myself) up
Tu	**ti**	alzi	you get (yourself) up
Lei/lui/lei	**si**	alza	you get (yourself) up; he/she/it gets (himself/herself/itself) up
Noi	**ci**	alziamo	we get (ourselves) up
Voi	**vi**	alzate	you get (yourselves) up
Loro	**si**	alzano	they get (themselves) up

Like direct and indirect object pronouns, reflexive pronouns can go before the verb or be attached to the infinitive.

Mi pettino. *I comb myself.*
Devo pettinar**mi**. *I have to comb myself.*

Many verbs that describe daily activities are reflexive: svegliarsi (to wake up), alzarsi (to get up), lavarsi (to wash oneself), radersi (to shave), pettinarsi (to comb/brush one's hair), spogliarsi (to undress), truccarsi (to put on makeup). Some other common reflexive verbs are innamorarsi (to fall in love), sposarsi (to get married), riposarsi (to rest), sedersi (to sit down), arrabbiarsi (to get angry), chiamarsi (to be called).

Be aware that some verbs can be used reflexively or non-reflexively. Compare their use in these examples:

Mi sveglio alle otto.	*I wake (myself) up at 8:00.*
Sveglio mio fratello alle 8:30.	*I wake up my brother at 8:30*
Chiamo mio padre.	*I call my dad*
Mi chiamo Mario.	*My name is Mario (I call myself Mario).*

The pronoun si

In Italian the pronoun **si** is used with the third-person singular form of the verb to express an impersonal or passive action:

Si va spesso al mare in estate.	*People often go to the sea in summer.*
Come si scrive "canzone"?	*How do you spell "canzone"?*
Dove si parla l'italiano?	*Where is Italian spoken?*
Non si deve sprecare l'acqua.	*You don't have to waste water.*

VERB CONJUGATION CHARTS

Regular verbs, simple tenses

Infinitive & Participles	INDICATIVE					CONDITIONAL	SUBJUNCTIVE	
	Present	Preterit	Imperfect	Future		Present	Present	Imperfect
parlare (to talk) parlando (talking) parlato (talked)	parlo parli parla parliamo parlate parlano	parlai parlasti parlò parlammo parlaste parlarono	parlavo parlavi parlava parlavamo parlavate parlavano	parlerò parlerai parlerà parleremo parlerete parleranno		parlerei parleresti parlerebbe parleremmo parlereste parlerebbero	parli parli parli parliamo parliate parlino	parlassi parlassi parlasse parlassimo parlaste parlassero
ricevere (to receive) ricevendo (receiving) ricevuto (received)	ricevo ricevi riceve riceviamo ricevete ricevono	ricevei or ricevetti ricevesti ricevé or ricevette ricevemmo riceveste ricevettero	ricevevo ricevevi riceveva ricevevamo ricevevate ricevevano	riceverò riceverai riceverà riceveremo riceverete riceveranno		riceverei riceveresti riceverebbe riceveremmo ricevereste riceverebbero	riceva riceva riceva riceviamo riceviate ricevano	ricevessi ricevessi ricevesse ricevessimo riceveste ricevessero
partire (to leave) partendo (leaving) partito (left)	parto parti parte partiamo partite partono	partii partisti partì partimmo partiste partirono	partivo partivi partiva partivamo partivate partivano	partirò partirai partirà partiremo partirete partiranno		partirei partiresti partirebbe partiremmo partireste partirebbero	parta parta parta partiamo partiate partano	partissi partissi partisse partissimo partiste partissero

Regular verbs, compound tenses: auxiliary *to have**

INDICATIVE			CONDITIONAL	SUBJUNCTIVE	
Present Perfect	Past Perfect	Future Perfect	Past	Past	Past Perfect
ho	avevo	avrò	avrei	abbia	avessi
hai parlato	avevi parlato	avrai parlato	avresti parlato	abbia parlato	avessi parlato
ha ricevuto	aveva ricevuto	avrà ricevuto	avrebbe ricevuto	abbia ricevuto	avesse ricevuto
abbiamo	avevamo	avremo	avremmo	abbiamo	avessimo
avete	avevate	avrete	avreste	abbiate	aveste
hanno	avevano	avranno	avrebbero	abbiano	avessero

*As a general rule, we can say that verbs that are followed by a direct object generally form the compound tenses with *avere*.

Ho comprato un libro.   *I bought a book.*
Ho studiato italiano.   *I studied Italian.*

Regular verbs, compound tenses: auxiliary *to be**

INDICATIVE			CONDITIONAL	SUBJUNCTIVE	
Present Perfect	Past Perfect	Future Perfect	Past	Past	Past Perfect
sono partito/-a	ero partito/-a	sarò partito/-a	sarei partito/-a	sia partito/-a	fossi partito/-a
sei partito/-a	eri partito/-a	sarai partito/-a	saresti partito/-a	sia partito/-a	fossi partito/-a
è partito/-a	era partito/-a	sarà partito/-a	sarebbe partito/-a	sia partito/-a	fosse partito/-a
siamo partiti/-e	eravamo partiti/-e	saremo partiti/-e	saremmo partiti/-e	siamo partiti/-e	fossimo partiti/-e
siete partiti/-e	eravate partiti/-e	sarete partiti/-e	sareste partiti/-e	siate partiti/-e	foste partiti/-e
sono partiti/-e	erano partiti/-e	saranno partiti/-e	sarebbero partiti/-e	siano partiti/-e	fossero partiti/-e

*The auxiliary *essere* is used in compound tenses with verbs that are not followed by a direct object and describe a movement: partire (to leave), andare (to go); an absence of movement: rimanere (stay); or a change of state: diventare (to become), nascere (to be born), morire (to die).

When used with the auxiliary *essere*, the past participle (the second part of the verb in compound tenses) must be changed according to the gender and number of the subject. In these cases you need to think of the past participle as a regular adjective with four different endings –o, –a, –i, –e.

Mario è andato al cinema.   *Mario went to the cinema.*
Claudia era andata al cinema.   *Claudia went to the cinema.*
Pensavo che le ragazze fossero andate al cinema.   *I thought the girls went to the cinema.*
Se avessero avuto i soldi, i ragazzi sarebbero andati al cinema.   *If they had had the money, the boys would have gone to the cinema.*

Common irregular verbs

Infinitive & Participles	INDICATIVE					CONDITIONAL	SUBJUNCTIVE	
	Present	Preterit	Imperfect	Future	Present	Present	Present	Imperfect
stare *(to be, to stay)*	sto	stetti	stavo	starò	starei	stia	stessi
	stai	stesti	stavi	starai	staresti	stia	stessi
	sta	stette	stava	starà	starebbe	stia	stesse
stando *(being, staying)*	stiamo	stemmo	stavamo	staremo	staremmo	stiamo	stessimo
stato *(been, stayed)*	state	steste	stavate	starete	stareste	stiate	steste
	stanno	stettero	stavano	staranno	starebbero	stiano	stessero
dare *(to give)*	do	diedi or detti	davo	darò	darei	dia	dessi
	dai	desti	davi	darai	daresti	dia	dessi
	dà	diede or dette	dava	darà	darebbe	dia	desse
dando *(giving)*	diamo	demmo	davamo	daremo	daremmo	diamo	dessimo
dato *(given)*	date	deste	davate	darete	dareste	diate	deste
	danno	diedero or dettero	davano	daranno	darebbero	diano	dessero
fare *(to do, to make)*	faccio	feci	facevo	farò	farei	faccia	facessi
	fai	facesti	facevi	farai	faresti	faccia	facessi
	fa	fece	faceva	farà	farebbe	faccia	facesse
facendo *(doing, making)*	facciamo	facemmo	facevamo	faremo	faremmo	facciamo	facessimo
fatto *(done, made)*	fate	faceste	facevate	farete	fareste	facciate	faceste
	fanno	fecero	facevano	faranno	farebbero	facciano	facessero

Infinitive & Participles	INDICATIVE					CONDITIONAL	SUBJUNCTIVE	
	Present	Preterit	Imperfect	Future		Present	Present	Imperfect
andare (*to go*) **andando** (*going*) **andato** (*gone*)	vado vai va andiamo andate vanno	andai andasti andò andammo andaste andarono	andavo andavi andava andavamo andavate andavano	andrò andrai andrà andremo andrete andranno		andrei andresti andrebbe andremmo andreste andrebbero	vada vada vada andiamo andiate vadano	andassi andassi andasse andassimo andaste andassero
essere (*to be*) **essendo** (*being*) **stato** (*been*)	sono sei è siamo siete sono	fui fosti fu fummo foste furono	ero eri era eravamo eravate erano	sarò sarai sarà saremo sarete saranno		sarei saresti sarebbe saremmo sareste sarebbero	sia sia sia siamo siate siano	fossi fossi fosse fossimo foste fossero
venire (*to come*) **venendo** (*coming*) **venuto** (*come*)	vengo vieni viene veniamo venite vengono	venni venisti venne venimmo veniste vennero	venivo venivi veniva venivamo venivate venivano	verrò verrai verrà verremo verrete verranno		verrei verresti verrebbe verremmo verreste verrebbero	venga venga venga veniamo veniate vengano	venissi venissi venisse venissimo veniste venissero

VERBS, TENSES, AND MOODS

Present Progressive

The present progressive is a form of the verb which is used to talk about an action in progress at the moment of speaking. It is a compound tense made of two parts: the present of verb **stare**, plus the **gerund**. Remember that the gerundio form does not change.

Cosa stai leggendo?	*What are you reading?*
Sto leggendo un romanzo.	*I'm reading a novel.*

parlare	vendere	finire
sto parlando	sto vendendo	sto finendo
stai parlando	stai vendendo	stai finendo
sta parlando	sta vendendo	sta finendo
stiamo parlando	stiamo vendendo	stiamo finendo
state parlando	state vendendo	state finendo
stanno parlando	stanno vendendo	stanno finendo

Present Perfect vs Imperfect

The present perfect and the imperfect are the most commonly used past tenses in spoken Italian. Passato prossimo is usually used to refer to recent events. Be aware that in the South of Italy the passato prossimo is often substituted by the passato remoto, a past tense you mainly find in written Italian to discuss events that happened long time ago.

Passato prossimo is a compound tense made of two parts: verb **avere** (to have) plus **past participle** or verb **essere** (to be) plus **past participle**. The rules for the use of the auxiliary essere or avere have been described when discussing compound tenses. As a rule of thumb we can say that verbs followed by an object take *avere* and verbs that are not followed by an object or express motion or lack of movement take *essere*.

Ho comprato il libro ieri.	*I bought the book yesterday.*
Teresa è andata al supermercato.	*Teresa went to the grocery store.*

The imperfect is a simple tense that does not require an auxiliary verb. It is formed dropping the -re of the infinitive and adding the following endings -**vo**, -**vi**, -**va**, -**vamo**, -**vate**, -**vano**. Its construction is very easy, its use is a bit more complex. This tense is used to describe actions that happened repeatedly or habitually in the past. It translates the English expression *I used to*

Fumavo.	*I used to smoke.*
Da bambino suonavo il piano.	*As a child I used to play the piano.*

It is also used to give a physical or psychological description of a person in the past.

Era alta, magra e bella.	*She was tall, thin, and beautiful.*
Mio nonno era molto socievole.	*My grandad was very sociable.*

Also use the imperfetto to describe weather and time in the past.

La pioggia cadeva.	*The rain was falling.*
Era mezzogiorno e faceva brutto tempo.	
It was midday and the weather was bad.	

Imperfetto can be used to talk about an ongoing action which is interrupted by another action expressed with the passato prossimo

Leggevo un libro quando mia mamma mi **ha chiamato**.
I was reading a book when my mom called me.

Subjunctive mood

Most likely you will learn how to use the subjunctive mood when you acquire a more advanced knowledge of Italian. Here we are going to give you only a brief overview of this complex mood.

The subjunctive mood is a special form of the verb that expresses doubt, unlikelihood, or desire. Subjunctive in English is not very common but in Italian is very frequent. The subjunctive is used in complex sentences, where the two sentences are connected by **che**. The subjunctive is always triggered by a verb or an expression contained in the main clause.

Main clause	che	subordinate clause
E' necessario	che	tu **faccia** i compiti.
It's necessary	*that*	*you do the homework.*

There are many impersonal expressions that trigger the subjunctive, like: è importante (it's important), è inutile (it's no use), è difficile (it's difficult), è strano (it's strange), è possible (it's possible).

E' importante che parli con lei.
It's important that you speak with her.

E' inutile che tu ti arrabbi.   *It's useless for you to get angry.*
E' possibile che vada a Roma in estate.
It is possible that I will go to Rome in the summer.

The subjunctive is used after verbs expressing emotions, doubts, and opinions:

Mi dispiace (I'm sorry), spero (I hope), temo (I'm afraid),
credo (I believe), dubito (I doubt).

Mi dispiace che tu non possa venire.   *I'm sorry you can't come.*
Spero che tu guarisca presto.   *I hope you get better soon.*

The subjunctive has four tenses: the present, the present perfect, the imperfect and the past perfect.
The present subjunctive is used to express contemporary actions in the main clause and the subordinate clause.
The past perfect subjunctive is used when the independent clause is in the present tense, but the action in the dependent clause refers to an action that already happened.

Penso che il treno sia già arrivato.
I think the train has already arrived.
Credo che abbia già comprato la torta.
I think he has already bought the cake.

The imperfect subjunctive is used in the same situations as the present subjunctive when in the main clause we have a past or a conditional.

Ero sorpreso che la città fosse così bella.
I was surprised the city was so beautiful.
Vorrei che tu mi amassi.   *I would like you to love me.*

The past perfect subjunctive is used in the same situations as the past subjunctive when in the main clause we have a past or a conditional.

Avevo paura che lui fosse già partito.   *I was afraid he had already left.*

Subjunctive clauses are not used when a single subject is involved in the action. Use the infinitive instead. Compare the following sentences:

Voglio che (tu) impari l'italiano.   *I want you to learn Italian.*
Voglio imparare l'italiano.   *I want to learn Italian.*

The **imperative** is used fo commands, requests, suggestions, and for giving directions or instructions.

The **tu** form of the imperative is the same as the **tu** form of the present tense except for -**are** verbs that add an -**a** instead of an -**i**. Remember that the negative of the tu form is formed with the infinitive: Non **parlare**! *Don't speak!*

The voi form has the same form of the present tense. Mangiate! (eat), prendete (take!) venite! (come!).

The negative is formed regularly: non mangiate! (don't eat!), non leggete (don't read!), non venite! (don't come!).

	Affirmative commands	Negative commands
Informal commands	parla (talk)	non **parlare** (don't talk)
	vieni (come in!)	non **venire** (don't come)
	siediti (sit down)	non **sederti** (don't sit down)

The lei form has the same endings of the third person singular of the present subjunctive.

Formal commands (requests)	parli (talk)	non parli (don't talk)
	venga (come)	non venga (don't come)
	si sieda (sit down)	non si sieda (don't sit down)

There are some irregular formal imperative forms:

avere	**dare**	**essere**	**sapere**	**stare**
abbia	dia	sia	sappia	stia

Some common expressions with the irregular imperative forms are:

Abbia pazienza, signora!   *Be patient, Madam!*
Stia tranquilla!   *Be calm!*

PREPOSITIONS

Prepositions vary from language to language, most of the time the use of prepositions cannot be explained by a clear grammatical rule. However, some general guidelines can be given. Remember to learn new prepositions with their context.

Prepositions can be simple or articulated (combined with the definite article).

a is used for position or destination.

Vivo **a** Roma.	*I live in Rome.*
Sono **all'**università.	*I'm at the university.*
Vado **a** scuola.	*I go to school.*

in is used for countries, regions or means of transport.

Hanno una casa **in** Francia.	*They have a house in France.*
Vado in vacanza **in** Toscana.	*I go on vacation in Tuscany.*
Vado all'università **in** autobus.	*I go to university by bus.*

di and **da** indicate origin or provenance.

Sono **di** Venezia.	*I'm from Venice.*
Vengo **dagli** Stati Uniti.	*I come from the United States.*

su translates "on" or "onto."

Il libro è **sul** tavolo.	*The book is on the table.*

per indicates a recipient, an intended destination. **Per** followed by the infinitive indicates "in order to."

Questo libro è **per** te.	*This book is for you.*
Il treno **per** Milano è in ritardo.	*The train for Milan is late.*
Mi sono svegliato presto **per** studiare.	
I got up early in order to study.	

con corresponds to the English **with.**

Vieni **con** me alla festa?	*Do you come with me to the party?*
Il gatto gioca **con** la palla.	*The cat plays with the ball.*

tra/fra are interchangeable and mean "between," they can also indicate a time in the future.

Paolo è **fra** Maria e Claudio.	*Paolo is between Maria and Claudio.*
Arrivo fra 10 minuti.	*I'll arrive in 10 minutes.*

Note that the use of prepositions in English doesn't always match Italian use!

Gianni si è innamorato di Maria.	*Gianni fell in love **with** Maria.*
Laura si è sposata **con** Roberto.	*Laura got married **to** Roberto.*

In some cases, English needs a preposition where Italian does not:

Cerco qualcosa di speciale.	*I'm looking **for** something special.*